일본어 독해력 완성 프로그램

다락원 일한 대역문고

고급 1

일본 고등학교 교과서선

日本の高等学校の教科書選

萩原朔太郎・横光利一・梶井基次郎・国木田独歩・坂口安吾 著 | 최충희 訳註

다락원

머리말

『다락원 일한 대역문고』 고급 시리즈는 일본어에 대한 체계가 잡혀 있는 중급 이상 수준의 학습자가 일본 문학작품을 통해서 일본어에 대한 이해를 높이는 것을 목표로 만들었습니다.

일본 국내외에서 완성도를 인정받은 일본 문학작품으로 일본어를 학습한다면 일본에 대한 지식도 쌓을 수 있어서 일본어 학습이 더욱 유익해질 것입니다.

일본어에 대한 감각이 일정 수준에 달하면 정확한 전달력뿐만 아니라 풍부한 표현력에 대한 요구도 강해집니다.

그런 점에서 현행 일본 고등학교 교과서에 실린 문학작품과 일본 문학계에서 천재성을 인정받은 여러 작가의 유명 작품들로 구성된 『다락원 일한 대역문고』 시리즈는 풍부한 일본어 표현력을 기르는 데 좋은 길잡이가 되어 줄 것입니다.

『다락원 일한 대역문고』 시리즈는 사전 없이 편리하게 학습할 수 있도록, 어휘 풀이는 물론 주요 문형에 대한 자세한 해설과 예문을 함께 실었습니다. 본문 해석은 직역(直譯)을 원칙으로 하되, 문학 작품임을 감안해 원문의 분위기를 흐리지 않는 범위 내에서 자연스러운 한국어 번역을 위해 의역(意譯)과 때로는 표현 가감을 선택했습니다. 『다락원 일한 대역문고』 고급 시리즈로 일본 문학작품을 읽는 재미는 물론 원어민의 정확한 발음으로 녹음된 오디오로 듣기 능력까지 함께 향상시키시기 바랍니다. 여러분의 일본어 학습에 도움이 되기를 바랍니다.

다락원 일한 대역문고 연구회

『다락원 일한 대역문고』 이렇게 보세요

ここでちょっとその果物屋を紹介したいのだが、その果物屋は私の知っていた範囲で最も好きな店であった。そこは決して立派な店ではなかったのだが、果物屋固有の美しさが最も露骨に感ぜられた。果物はかなり勾配の急な台の上に並べてあって、その台というのも古びた黒い漆塗りの板だったように思える。何か華やかな美しい音楽のアッレグロの流れが、見る人を石に化したというゴルゴンの鬼面——的なものを差しつけられて、あんな色彩やあんなヴォリウムに凝り固まったというふうに果物は並んでいる。青物もやはり奥へゆけばゆくほどうず高く積まれている。——実際あそこの人参葉の美しさなどは素晴らしかった。それから水に漬けてある豆だとかくわいだとか。

어휘 설명

자세한 해설과 함께, 본문에 히라가나로 쓰인 단어 중 한자와 함께 익혀 두면 좋은 어휘에는 한자 표기를 병기하고, 또 예문에 쓰인 단어 중 읽기가 어려운 단어에는 읽는법을 밝혔습니다.

사진 자료는 어휘 해설에 대한 빠르고 정확한 이해를 도와줍니다.

문형 해설

주요 문형의 뜻풀이와 접속을 예문과 함께 알기 쉽게 정리했습니다.

일러두기

일본어의 한국어 표기는 다음과 같습니다.
장음은 단음으로 표기했습니다. 예 大阪 — 오사카
발음 표기는 로마자 표기의 발음에 따랐습니다. 예 つかう (tsukau) — 츠카우
촉음은 'ㅅ'으로 표기했습니다.

문형 접속 해설에 쓰인 활용형의 설명은 다음과 같습니다.
ます형(연용형) — ます가 붙기 이전의 형태
ない형 — ない가 붙기 이전의 형태
て형・た형 — 각각 て・た가 붙은 형태
な형용사な・명사の — な형용사의 어간에 な가 붙은 형태, 명사에 の가 붙은 형태
동사・い형용사・な형용사의 기본형 — 동사・い형용사는 사전에 실려 있는 형태, な형용사는 어간에 だ가 붙은 형태
보통형 — 기본형, 부정형, 과거형, 과거부정형

MP3 파일

원어민 성우의 정확한 내레이션으로 듣는 즐거움도 쌓으세요.

목차

일본 고등학교 교과서선

日本の高等学校の教科書選

작가 소개

萩原朔太郎(はぎわらさくたろう, 1886~1942)

群馬 현 출신의 시인· 작가로 대표작으로는 시집 『月に吠える』, 『青猫』와 단편소설 『猫町』가 있다. 근대인의 섬세하고 병적인 신경을 날카롭고 감각적인 구어체로 표현해, 高村光太郎(1883~1956, 시인, 조각가)와 함께 일본 구어자유시의 확립자라는 평가를 받고 있다.

일본의 대표시인이라고 할 수 있는 北原白秋(1885~1942, 시인, 歌人)에게 사사했으며, 1917년에 발표한 첫 시집 『月に吠える』로 시단의 절대적인 호평을 얻은 뒤, 1923년 발표한 두 번째 시집 『青猫』의 환상적인 시풍으로, 1907년 이후 시작했으나 아직 「詩」로 평가를 받지 못하고 있던 구어시의 확립에 결정적인 기여를 했다.

『青猫』 발표 후에는 시론에 힘을 기울이기 시작함과 동시에 문어 평가의 언급이 늘어나기 시작하여 , 1934 년 발표된 문어시집 『氷島』(ひょうとう)에서는 문어체로 회귀하여 적적함과 회의감을 호소하기도 하였는데 , 제자를 자처하는 三好達治(みよしたつじ)(1900~1964, 시인)의 혹평으로 朔太郎 자신도 구어시로부터의 퇴각이라고 인정하기에 이르는 등 악평과 혹평으로 평가가 나뉘었다 .

朔太郎는 시단의 높은 평가에도 불구하고 실생활은 2번의 이혼과 궁핍한 생활로 순탄하지 못했으며, 급성 폐렴으로 사망하기까지 시 이외에도 만도린 클럽을 주재하는 등 음악과 미스터리 문학에도 조예가 깊었다고 한다. 1993년 朔太郎의 공적을 기리기 위해 萩原朔太郎賞(はぎわらさくたろうしょう)가 제정되었다.

작품 소개

竹

竹는 작자의 제 1 시집인 『月に吠える』에 수록되어 있는 작품으로, 불규칙하면서도 정형적인 리듬을 느끼게 한다. 소리 내어 읽으면 리듬에 맞는 기분 좋은 음률을 한층 더 느낄 수 있다.

1연의 1, 2행과 2연 전체는 대나무가 지상에서 자라나는 모습을, 1연의 3~7행은 대나무가 땅속에서 자라나는 모습을 그리고 있는데, 각 행이 동사 「生える」의 ます형으로 끝나 대나무가 자라는 상태를 시각적으로도 리듬감 있게 느낄 수 있다.

竹는 대나무의 강인한 이미지를 간결하게 그린 작품이지만, 병약하고 가정과의 마찰로 정신적으로도 고통을 겪은 작가의 환경을 염두에 둔다면, 단순히 대나무의 이미지를 소박하게 그린 작품이 아니라, 「しだいにほそらみ」「かすかにけぶる」「かすかにふるえ」에서는 작가의 연약하고 어둡고 민감한 신경의 아픔 같은 것을,「地上にするどく竹が生え、まっしぐらに竹が生え」에서는 강하게 상승하려는 작가의 내적 의지력을 느낄 수 있을 것이다.

朔太郎의 대표작 중 하나인 青猫

竹(たけ)

萩原朔太郎(はぎわらさくたろう)

光(ひか)る地面(じめん)*に竹(たけ)が生(は)え、
青竹(あおだけ)が生え、
地下(ちか)には竹の根(ね)が生え、
根がしだいにほそらみ、
根の先(さき)より繊毛(せんもう)が生え、
かすかにけぶる繊毛が生え、

かすかにふるえ。

□**生える** 나다, 자라나다 〈歯が2本生えた 이가 2개 났다〉 □**青竹** 청죽 □**根** 뿌리 □**しだいに** 점차로 □**ほそらむ** 가늘어지겠지다, 가늘어질 것이다 〈=ほそいだろう, ほそい+らむ(추량을 나타냄)〉 □**繊毛** 섬모, 가느다란 털, 솜털 □**かすか** 희미함, 아련함, 어렴풋함 〈富士の峰(みね)がかすかに見えてきた 후지산 봉우리가 희미하게 보여 왔다〉 □**けぶる** 뿌옇게 흐려보이다, 희미하게 아름답게 보이다 〈=けむる의 옛말, 雨にけぶってよく見えない 비로 흐려서 잘 보이지 않는다〉 □**ふるえる** 흔들리다, 떨리다 〈人の前で発表(はっぴょう)するときに声がふるえた 남 앞에서 발표할 때 목소리가 떨렸다〉

* **光る地面**은 새해 아침의 빛을 받아 빛나고 있는 지면을 가리킴

かたき*地面に竹が生え、

地上(ちじょう)にするどく竹が生え、

まっしぐらに竹が生え、

凍(しば)れる節節(ふしぶし)りんりんと、

青空(あおぞら)のもとに竹が生え、

竹、竹、竹が生え。

□ するどい 날카롭다, 예리하다 <するどい目つき 예리한 눈> □ まっしぐら 힘차게 나아가는 모양, 곁눈질하지 않고 똑바로 가는 일, 한눈을 팔지 않고 곧장 <まっしぐらに家に帰る 곧장 집으로 돌아가다> □ 凍れる (비유적으로) 매우 차갑게 느껴지다 □ 節節 마디마디 □ りんりん 태도가 늠름한 모양, 씩씩함 <りんりんたる青年 늠름한 청년>

* かたき地面 겨울에 얼어서 딱딱한 지면
かたき는 문어에서 かたい의 연체형으로 い가 き로 바뀌어 체언을 수식함
狭(せま)き門 좁은 문　古(ふる)きよき時代 좋은 옛 시절

작가 소개

横光利一(よこみつ りいち, 1898~1947)

福島(ふくしま) 현 출신으로 본명은 利一(としかず)이다. 철도 부설업에 종사하는 아버지의 직업으로 인해 三重(みえ)현과 千葉(ちば)현 등 각지를 전전하였다. 1914년 早稲田(わせだ) 대학 영문학과에 입학하지만 문학에 치우친 나머지 제적되었다. 1923년 菊池寛(きくちかん)(1888~1948, 소설가, 극작가)의 천거로 동인지 文藝春秋(ぶんげいしゅんじゅう)의 동인이 되고, 같은 해 5월에 동지(同誌)에 蠅(はえ)를 발표한다. 1924년 일생의 친구가 된 川端康成(かわばたやすなり)(1899~1972)등과 함께 잡지 「文藝時代(ぶんげいじだい)」를 창간하여 新感覚派(しんかんかくは) 운동의 거점이 된다. 대표작으로 「機械(きかい)」, 「上海(シャンハイ)」, 「紋章(もんしょう)」, 「家族会議(かぞくかいぎ)」와 10년에 걸쳐 집필한 미완성작인 장편 「旅愁(りょしゅう)」등이 있다. 利一는 昭和文学(しょうわ) 의 새로운 방향을 선도해가는 대표 작가 중 한 사람이었으나, 전후 저평가되어 그에 대한 재평가가 이루어진 것은 1980년 이후이다.

작품 소개

蠅

1923년에 「文藝春秋」에 발표된 단편소설로, 한 마리의 파리의 시선으로 처리된 실험적인 기법에 의한 작품이다.

어느 역참의 마차 대기소에서 벌어지는 이야기로, 출발 시간까지 찐빵 가게 앞에서 장기를 두고 있는 마부와, 아들이 위독하다는 전갈을 받고 마차를 타려는 농부 아낙네, 사랑의 도피 중인 남녀, 그 간의 가난에서 겨우 벗어나려는 중년 등 여러 인물에 대한 영화적 묘사가 특색이다.

利一의 대표작 중의 하나인 機械

蠅
はえ

横光利一
よこみつ りいち

一
いち

真夏の宿場は空虚であった。ただ眼の大きな一匹の蠅だけは、薄暗い厩の隅の蜘蛛の巣に引っかかると、後肢で網を跳ねつつしばらくぶらぶらと揺れていた。と、豆のようにぼたりと落ちた。そうして、馬糞の重みに斜めに突き立っている藁の端から、裸体にされた馬の背中まで這い上った。

□**蠅** 파리 □**宿場** 에도(江戸) 시대 숙박과 운송에 종사하는 사람과 말이 모여 있던 촌락, 역참 □**空虚** 공허 □**ただ** 단지, 다만 □**薄暗い** 어둑하다, 침침하다 □**厩** 마구간 □**蜘蛛の巣** 거미줄 □**引っかかる** 걸리다 〈そでがくぎに引っかかってやぶれてしまった 소매가 못에 걸려 찢어져 버렸다〉 □**網** 그물, 망 □**跳ねる** 뛰어오르다, 뛰다 ■**~つつ** (동사 ます형에 붙어 동작 · 작용의 계속을 나타냄) ~면서 〈=ながら, 彼女は涙を流しつつ放送を聞いていた 그녀는 눈물을 흘리면서 방송을 듣고 있었다〉 □**ぶらぶら** 매달려서 흔들거리는 모양, 흔들흔들 □**揺れる** 흔들리다 □**ぼたり(と)** 물건이 떨어지는 모양, 뚝 〈涙がぼたりと落ちた 눈물이 뚝 떨어졌다〉 □**馬糞** 말똥 □**斜めに** 비스듬하게 □**突き立つ** 꽂히다, 박히다 〈地面に突き立ったくい 지면에 박힌 말뚝〉 □**藁** 짚 □**端** 끝, 가장자리, 구석 □**裸体** 나체 □**這い上る** 기어오르다

二

馬は一条の枯れ草を奥歯に引っかけたまま、猫背の老いた駆者の姿を捜している。

駆者は宿場の横のまんじゅう屋の店頭で、将棋を三番指して負け通した。

「なに？ 文句を言うな。もう一番じゃ。」

すると、ひさしをのがれた日の光は、彼の腰から、丸い荷物のような猫背の上へ乗りかかってきた。

□条 띠, 줄 등 가늘고 긴 물건을 세는 단위 □枯れ草 건초 □奥歯 어금니 □引っかける 걸다, 걸치다 〈コートを引っかけて出かけた 코트를 걸치고 외출했다〉 ■～たまま (동사 た형에 붙어) ~한 채로 〈タバコをくわえたまま話さないでください 담배를 입에 문 채 말하지 마세요〉 □猫背 고양이처럼 굽은 등, 또는 그런 사람, 새우등 □老いる 늙다, 노쇠하다 □駆者 마부 □捜す 찾다 □まんじゅう 밀가루 반죽에 팥소나 고기소를 넣고 찐 것, 찐빵 〈요즘은 まんじゅう라고 하면 팥소를 넣은 和菓子(わがし)를 말하지만 여기서는 찐빵을 가리킴〉 □将棋を指す 장기를 두다 □～番 승부를 셀 때 쓰는 조수사, ~번, ~판 □～通す (동사 ます형에 붙어) 계속하여 ~하다 〈泣き通す 계속 울다〉 □文句をいう 불평하다 □～な (동사 기본형에 붙어 금지를 나타냄) ~(하)지마 □～じゃ ~(이)다 〈～だ・～である의 변한말〉 □ひさし 차양 □のがれる 벗어나다, 피하다, 도망가다 □乗りかかる 타려고 하다, 타기 시작하다, 올라타다 〈人々が船に乗りかかった 사람들이 배에 타기 시작했다〉

三(さん)

宿場の空虚な場庭(ばにわ)へ一人の農婦(のうふ)が駆(か)けつけた。彼女(かのじょ)はこの朝早(あさはや)く、街(まち)に勤(つと)めている息子(むすこ)から危篤(きとく)の電報(でんぽう)を受(う)け取(と)った。それから露(つゆ)に湿(しめ)った三里(さんり)の山路(やまじ)を駆(か)け続(つづ)けた。

「馬車(ばしゃ)はまだかのう？」

彼女は馭者部屋(べや)をのぞいて呼(よ)んだが返事(へんじ)がない。

「馬車はまだかのう？」

歪(ゆが)んだ畳(たたみ)の上には湯飲(ゆの)みが一(ひと)つ転(ころ)がっていて、中(なか)から酒色(しゅいろ)の番茶(ばんちゃ)がひとり静(しず)かに流(なが)れていた。農婦はうろうろと場庭を回(まわ)ると、まんじゅう屋の横(よこ)からまた呼(よ)んだ。

「馬車はまだかの？」

「先刻(せんこく)出(で)ましたぞ。」

答(こた)えたのはその家(いえ)の主婦(しゅふ)である。

□ **場庭** 마차 발착장의 광장 □ **農婦** 농부 아낙 □ **駆けつける** 급히 달려가(오)다 〈姉は急いで病院に駆けつけてくれた 언니는 서둘러 병원에 달려와 주었다〉 □ **危篤** 위독 □ **電報** 전보 □ **受け取る** 받아들이다, 접수하다 □ **湿る** 눅눅하다 □ **~里** ~리 〈일본의 1리는 3.927km로 한국의 10리에 해당함〉 □ **山路** 산길 □ **馬車** 마차 □ **~のう** ~니?, ~야? 〈의문을 나타내는 ~の를 길게 발음한 것〉 □ **のぞく** 엿보다 □ **歪む** 뒤틀리다, 일그러지다 □ **湯飲み** 찻잔 □ **転がる** 구르다 □ **酒色** 술색 □ **番茶** 오래되거나 딱딱한 잎으로 만든 차, 질이 낮은 엽차 □ **うろうろ(と)** 목적도 없이 방황하는 모양, 우왕좌왕하는 모양, 어정버정, 허둥대는 모양 □ **先刻** 아까, 조금 전 =さきほど、さっき

「出(で)たかのう。馬車はもう出ましたかのう。いつ出ましたな。もうちと早(は)よ来るとよかったのじゃが、もう出(で)ぬじゃろか？」

農婦は性急(せいきゅう)な泣(な)き声(ごえ)でそう言ううちに、早(は)や泣き出(だ)した。が、涙(なみだ)も拭(ふ)かず、往還(おうかん)の中央(ちゅうおう)に突き立っていてから、街(まち)の方(ほう)へすたすたと歩(ある)き始(はじ)めた。

「二番(にばん)が出るぞ。」

猫背の馭者は将棋盤(ばん)を見詰(みつ)めたまま農婦にいった。農婦は歩(あゆ)みを止(と)めると、くるりと向(む)き返(かえ)ってその淡(あわ)い眉毛(まゆげ)を吊(つ)り上(あ)げた。

□ **もうちと** 조금 더 =もうちょっと □ **早よ** 빨리 =早く □ **～じゃが** ~텐데, ~지만 =～だが □ **出ぬ** 나가지 않다 〈=出ない, 부정의 조동사 ぬ는 동사 ない형에 접속함, 단 する→せぬ, くる→こぬ가 됨〉 □ **～じゃろか** ~일까? =～だろうか □ **性急** 성급(함) □ **泣き声** 울음소리, 우는소리 ■ **～うちに** (동사 기본형·ている형, 명사の에 붙어) ~(하는) 사이에, ~동안에 〈書評を読んでいるうちに、読みたくなった 서평을 읽는 사이에 읽고 싶어졌다〉 □ **早や** 이미, 벌써 〈=もう・すでに, 早や秋が訪(おとず)れた 벌써 가을이 왔다〉 □ **涙を拭く** 눈물을 닦다 ■ **～ず(に)** ~(하)지 않고 〈1그룹·2그룹 동사의 ない형에 붙음, 단 する→せず, 来る→こずが 됨, 今日は一日何も食べずに働いている 오늘은 하루 종일 아무것도 먹지 않고 일하고 있다〉 □ **往還** 큰길, 가도 □ **すたすた(と)** 한눈팔지 않고 바쁘게 걸어가는 모양 □ **将棋盤** 장기판 □ **見詰める** 응시하다 □ **歩みを止める** 걸음을 멈추다 □ **くるりと** 뒤돌아보거나 주위를 돌아보는 모양, 빙, 휙 〈彼はくるりと後ろを向いて、歩き出した 그는 빙글 뒤를 돌아 걷기 시작했다〉 □ **向き返る** 뒤돌아보다 □ **淡い** (빛깔·맛 등이) 엷다, 담담하다, 희미하다 〈淡い月光(げっこう) 희미한 달빛〉 □ **眉毛** 눈썹 □ **吊り上げる** 추켜올리다 〈母は目じりを吊り上げて怒った 엄마는 (화가 나서) 눈꼬리를 추켜올리며 화를 냈다〉

「出るかの。直ぐ出るかの。せがれが死にかけておるのじゃが、間に合わせておくれかの？」

「桂馬と来たな。」

「まアまア嬉しや。街までどれほどかかるじゃろ。いつ出しておくれるのう。」

「二番が出るわい。」と馭者はぽんと歩を打った。

「出ますかな、街までは三時間もかかりますかな。三時間はたっぷりかかりますやろ。せがれが死にかけていますのじゃ、間に合せておくれかのう？」

□**せがれ** 아들 〈자기 아들의 겸양어〉 □**死にかける** 죽어 가고 있다 □**間に合わせる** 제시간에 맞추다 □**おくれ** 주다 〈おは 경의를 나타냄〉 □**桂馬** 일본 장기의 말 중의 하나 〈전후좌우 6칸을 자유롭게 움직일 수 있음〉 □**嬉し** 기쁘다 〈嬉しい의 고어〉 □**〜や** ~구나, ~여라 〈감탄 · 영탄을 나타냄〉 □**〜わい** ~구나, ~군, ~구먼 〈영탄을 담은 확인을 나타냄〉 □**ぽんと** 가볍게 무슨 물건을 두드리는 모양 □**歩** 일본 장기의 말 중의 하나 〈앞으로 한 칸씩 나아갈 수 있음〉 □**たっぷり** 충분한 모양, 듬뿍, 많이 □**〜やろ** ~(이)겠지 〈=だろう, やろう의 줄임말〉

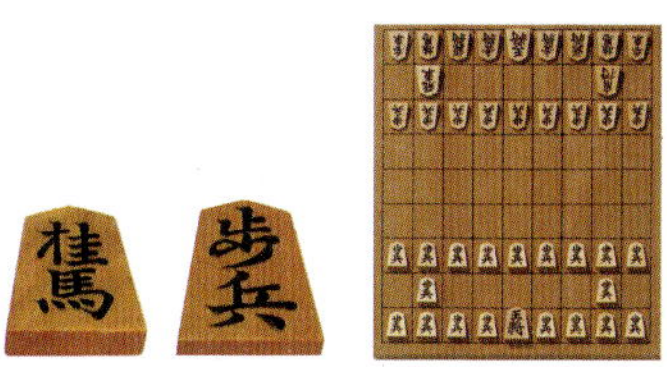

四

野末のかげろうの中から、種蓮華を叩く音が聞えて来る。若者と娘は宿場の方へ急いで行った。娘は若者の肩の荷物へ手をかけた。

「持とう。」

「何アに。」

「重たかろうが。」

若者は黙っていかにも軽そうな様子を見せた。が、額から流れる汗は塩辛かった。

「馬車はもう出たかしら。」と娘は呟いた。

若者は荷物の下から、眼を細めて太陽を眺めると、

「ちょっと暑うなったな、まだじゃろう。」

二人は黙ってしまった。牛の鳴き声がした。

「知れたらどうしよう。」と娘はいうとちょっと泣きそうな顔をした。

□野末 들판 끝, 들 가 □かげろう 아지랑이 □種蓮華 씨를 받기 위한 자운영 □叩く 치다, 때리다 □手をかける 손을 얹다 □黙る 침묵하다, 입을 다물고 말을 하지 않다 □いかにも 너무나도 ■~そうだ (동사 ます형, い형용사·な형용사의 어간에 붙어 추량을 나타냄) ~인 듯하다 〈元気そうで安心しました 건강해서 안심했어요〉 □様子 모습, 모양, 상태 □額 이마 □汗 땀 □塩辛い 짜다 □呟く 중얼거리다 □目を細める 눈을 가늘게 뜨다 □眺める 바라보다 □暑うなったな 더워졌구나 =暑くなったな □まだじゃろう 아직이겠지? =まだだろう □鳴き声がする (짐승 등의) 울음소리가 나다 □知れる 알려지다

種蓮華を叩く音だけが、かすかに足音(あしおと)のように追(お)って来る。娘は後(うし)ろを向いて見て、それから若者の肩の荷物(にもつ)にまた手をかけた。

「私が持とう。もう肩が治(なお)ったえ。」

若者はやはり黙ってどしどしと歩(ある)き続(つづ)けた。が、突然(とつぜん)、「知れたらまた逃(に)げるだけじゃ。」と呟いた。

五(ご)

宿場の場庭へ、母親(ははおや)に手を引(ひ)かれた男の子が指(ゆび)をくわえて入(はい)って来た。

「お母(か)ア、馬々(うまうま)。」

「ああ、馬々。」男の子は母親から手を振(ふ)り切(き)ると、厩(うまや)の方へ駆けて来た。そうして二間(にけん)ほど離(はな)れた場庭の中から馬を見(み)ながら、「こりゃッ、こりゃッ。」と叫(さけ)んで片足(かたあし)で地(じ)を打(う)った。

□足音 발소리 □追って来る 뒤쫓아오다 □後ろを向く 뒤를 향하다, 돌아보다 □治ったえ 나았어?〈=治ったの？, え는 질문 · 반문의 뜻을 강조하는 말로 현재는 거의 쓰이지 않음〉 □どしどし(と) 쾅쾅거리며 걷는 모양, 힘차게 걷는 모양, 뚜벅뚜벅 □突然 갑자기, 돌연 □逃げる 도망치다, 달아나다 □手を引く 손을 끌다 □くわえる 입에 물다〈たばこを口にくわえる 담배를 입에 물다〉 □手を振り切る 손을 뿌리치다 □駆ける 달리다, 뛰어가다 □～間 ~칸〈1間은 약 1.8m임〉 □こりゃ 이봐, 야〈これは가 변한말〉 □叫ぶ 소리치다 □片足 한쪽 다리↔片手 한쪽 손 □地を打つ (쿵쿵) 발을 구르다

馬は首をもたげて耳を立てた。男の子は馬の真似をして首を上げたが、耳が動かなかった。で、ただやたらに馬の前で顔をしかめると、再び、「こりゃッ、こりゃッ。」と叫んで地を打った。

馬はおけの手づるに口を引っかけながら、またその中へ顔を隠して馬草を食った。

「お母ア、馬々。」

「ああ、馬々。」

六

「おっと、待てよ。これはせがれの下駄を買うのを忘れたぞ。あいつはすいかが好きじゃ。すいかを買うと、俺もあいつも好きじゃで両得じゃ。」

□ **もたげる** 들다, 쳐들다〈反抗心(はんこうしん)が頭をもたげてきた 반항심이 고개를 쳐들어왔다〉 □ **真似をする** 흉내를 내다 □ **やたら** 마구, 무턱대고, 함부로〈甘いものがやたらに食べたくなった 단것이 마구 먹고 싶어졌다〉 □ **顔をしかめる** 얼굴을 찌푸리다 □ **再び** 다시, 재차 □ **おけ** 통, 나무통 □ **手づる** 손잡이 □ **隠す** 감추다, 은폐하다 □ **馬草** 꼴, 여물 □ **食う** 먹다〈食べる보다 거친말〉 □ **おっと** 놀랐을 때나 갑자기 생각났을 때 등에 내는 소리, 이키, 아이쿠 □ **下駄** 일본 나막신 □ **すいか** 수박 □ **～じゃで** ~(이)니까 =～だから □ **両得** 서로 득이 됨

田舎紳士(いなかしんし)は宿場へ着(つ)いた。彼は四十三(よんじゅうさん)になる。四十三年貧困(ねんぴんこん)と戦(たたか)い続(つづ)けたかいあって、昨夜(ゆうべ)ようやく春蚕(はるご)の仲買(なかがい)で八百(はっぴゃく)円(えん)を手(て)に入(い)れた。今彼の胸(むね)は未来(みらい)の画策(かくさく)のために詰(つま)っている。けれども、昨夜銭湯(せんとう)へ行ったとき、八百円の札束(さつたば)をかばんに入れて、洗(あら)い場(ば)まで持(も)って入って笑(わら)われた記憶(きおく)については忘れていた。

農婦は場庭の床几(しょうぎ)から立(た)ち上(あ)がると、彼のそばへ寄(よ)って来た。

「馬車はいつ出るのでござんしょうな。せがれが死にかかっていますので、早よ街へ行かんと死に目(め)に会(あ)えまいと思(おも)いましてな。」

「そりゃいかん。」

□紳士 신사 □貧困 빈곤 □戦い続ける 계속해서 싸우다 □かい 보람 □ようやく 겨우, 간신히 □春蚕 늦봄부터 초여름에 걸쳐서 기르는 누에 □仲買 거간, 중개인, 브로커 □手に入れる 손에 넣다 □画策 획책, 책략을 세움 □詰る 가득 차다, 막히다 □銭湯 대중목욕탕 □札束 돈다발 □洗い場 공중목욕탕의 몸을 씻는 곳 ■ ~については (명사에 붙어) ~에 대해서는 〈この件については後で話しましょう 이 건에 대해서는 나중에 얘기합시다〉 □床几 접의자 □立ち上がる 일어서다 □寄ってくる 다가오다, 접근해 오다 □ござんしょう ~하나요? 〈=~のでございましょうか, ございます(ごさる+ます)가 변한 ござんす에 의문을 나타내는 う가 붙은 것임〉 □死にかかる 죽어가다 〈事故で死にかかる 사고로 죽어가다〉 □行かんと 가지 않으면 〈=行かないと, ん은 부정을 나타내는 ぬ가 변한말〉 □死目に会う 임종을 지켜보다 ■ ~まい (부정의 추측과 의지를 나타냄) ~(하)지 않을 것이다, ~(하지) 않겠지 〈1그룹동사의 기본형, 2그룹동사의 어간에 붙음. 단, する→するまい・すまい, 来る→くるまい・こまいが 됨, 一生お酒を飲むまいと決めた 평생 술을 마시지 않기로 결정했다〉 □そりゃいかん 그것은 안 된다, 그것은 좋지 않다 =それはいけない

「もう出るのでござんしょうな、もう出るって、さっきいわしゃったがの。」

「さアて、何(なに)してておるやらな。」

若者と娘は場庭の中へ入ってきた。農婦はまた二人のそばへ近寄(ちかよ)った。

「馬車に乗(の)りなさるのかな。馬車は出ませんぞな。」

「出ませんか？」と若者は聞き返(かえ)した。

「出ませんの？」と娘は言った。

「もう二時間も待(ま)っていますのやが、出ませんぞな。街まで三時間かかりますやろ。もう何時(なんじ)になっていますかな。街へ着くと正午(しょうご)になりますやろか。」

「そりゃ正午や。」と田舎紳士は横から言った。農婦はくるりと彼の方をまた向いて、「正午になりますかいな。それま

□**いわしゃる** 말씀하시다 =おっしゃる □**さアて** 그건 그렇고, 그런데, 그런 다음 〈さて를 길게 발음한 것〉 □**～やら** 불확실한 상상을 나타내는 말, ~는지, ~인지 〈どうしたのやら 어떻게 되었는지〉 □**近寄る** 다가가다, 접근하다 □**聞き返す** 되묻다, 반문하다 =問い返す(といかえす) □**待っていますのやが** 기다리고 있습니다만 =待っていますのだが □**正午** 정오, 한낮 □**～かい** ?~냐 〈친밀감을 담아 물을 때 씀〉

でにゃ死にますやろな。正午になりますかいな。」と言ううちにまた泣き出した。が、すぐまんじゅう屋の店頭へ駆けて行った。

「まだかのう。馬車はまだなかなか出ぬじゃろか？」

猫背の馭者は将棋盤を枕(まくら)にして仰向(あおむ)きになったまま、すのこを洗っているまんじゅう屋の主婦の方へ頭(あたま)を向けた。

「まんじゅうはまだ蒸(む)さらんかいのう？」

□それまでにゃ 그때까지는 ＝それまでには □枕にする 베개로 삼다 □仰向きになる 드러눕다, 위를 향해 바로 눕다 □すのこ 대나무를 엮어 발모양으로 만든 것, 겅그레 □向ける 돌리다, 향하게 하다 □蒸さらんかいのう？ 아직 안 익었나? ＝蒸さらないのかね？

七(なな)

馬車はいつになったら出るのであろう。宿場に集(あつ)まった人々(ひとびと)の汗(あせ)は乾(かわ)いた。しかし、馬車はいつになったら出るのであろう。これは誰も知らない。だが、もし知(し)り得(う)ることのできるものがあったとすれば、それはまんじゅう屋のかまどの中(なか)で、ようやくふくれはじめたまんじゅうであった。なぜかといえば、この宿場の猫背の馭者は、まだその日(ひ)、誰も手をつけない蒸(む)し立てのまんじゅうに初手(しょて)をつけるということが、それほどの潔癖(けっぺき)から長(なが)い年月(ねんげつ)の間(あいだ)、独身(どくしん)で暮(く)らさねばならなかったという彼のその日(ひ)その日の、最高(さいこう)の慰(なぐさ)めとなっていたのであったから。

□乾く 마르다 □もし～ば 만약 ~하면 □知り得る 알 수 있다 □かまど 부뚜막, 아궁이, 여기에서는 찜통의 의미로 쓰임 □ふくれはじめる 부풀어오르기 시작하다 □なぜかといえば 왜냐하면 =なぜかというと □手をつける 손을 대다 □蒸す 찌다 ■～立て (동사의 ます형에 붙어) 막(갓) ~함, ~한 지 얼마 안 됨 〈ペンキ塗り立て 이제 막 칠한 페인트〉 □潔癖 결벽 □年月 세월 □暮らす 살다, 지내다 □～ねばならない ~(하)지 않으면 안 된다, ~해야 만하다 =～なければならない □慰め 위로, 위안

八

宿場の柱時計が十時を打った。まんじゅう屋のかまどは湯気を立てて鳴り出した。

ザク、ザク、ザク。猫背の駅者は馬草を切った。馬は猫背の横で、水を充分飲みためた。ザク、ザク、ザク。

九

馬は馬車の車体に結ばれた。農婦は真っ先に車体の中へ乗り込むと街の方を見続けた。

「乗っとくれやア。」と猫背は言った。

五人の乗客は、傾く踏み段に気をつけて農婦のそばへ乗り始めた。

□ **柱時計** 벽시계　□ **湯気を立てる** 수증기를 내뿜다　□ **ザクザクザク** 여물을 만들기 위해 여물을 써는 소리, 숭덩숭덩, 싹둑싹둑　□ **充分** 충분　□ **飲みためる** 마셔 두다　□ **結ぶ** 묶다, 결합하다　□ **真っ先に** 제일 먼저　□ **乗り込む** 올라타다　□ **乗っとくれやア** 타세요 =乗ってくれよ　□ **傾く** 기울다, 비스듬해지다　□ **踏み段** 층층대　□ **気をつける** 주의하다, 조심하다

猫背の馭者は、まんじゅう屋のすのこの上で、綿(わた)のようにふくらんでいるまんじゅうを腹掛(はらが)けの中へ押(お)し込(こ)むと馭者台(だい)の上にその背を曲(ま)げた。らっぱが鳴った。鞭(むち)が鳴った。

眼の大きなかの一匹の蠅(はえ)は馬の腰(こし)の余肉(あまじし)の匂(にお)いの中から飛(と)び立(た)った。そうして、車体の屋根(やね)の上にとまり直ると、今さっきに、ようやく蜘蛛の網からその生命(いのち)をとり戻(もど)した身体(からだ)を休(やす)めて、馬車と一緒(いっしょ)に揺(ゆ)れていった。

馬車は炎天(えんてん)の下(した)を走(はし)り通(とお)した。そうして並木(なみき)をぬけ、長(なが)く続いた小豆(あずき)畑(ばたけ)の横を通(とお)り、亜麻(あま)畑(ばたけ)と桑畑(くわばたけ)の間(あいだ)を揺れつつ森(もり)の中へ割(わ)り込(こ)むと、緑色(みどりいろ)の森は、ようやくたまった馬の額(ひたい)の汗に映(うつ)って逆(さか)さまに揺(ゆ)らめいた。

□綿 솜 □ふくらむ 부풀다, 불룩해지다 □腹掛け 가슴에서 배를 덮고 아래쪽은 주머니로 되어 있는 작업복 □押し込む 밀어넣다 □馭者台 마부가 앉는 자리 □らっぱ 나팔 □鞭 채찍 □かの 저, 그 〈문어에서 대명사 か에 격조사 の가 붙은 것으로 구어에서는 연체사로 쓰임, かの有名な作家 그 유명한 작가〉 □余肉 혹같이 피부에 튀어나와 있는 살 〈여기서는 '남은 살'이라는 뜻으로 쓰였다는 주장도 있음〉 □飛び立つ 날아오르다 □屋根 지붕 □とまり直る 다시 앉다 □今さっき 조금 전 □とり戻す 되찾다, 회복하다 〈失(うしな)ったものをとり戻した 잃어버린 물건을 되찾았다〉 □炎天 한여름 타는 듯이 더운 날씨 □走り通す 달려 나가다, 계속 달리다 □並木 가로수 □ぬける 빠져나가다 □小豆 팥 □亜麻 아마 □桑 뽕나무 □割り込む 비집고 들어가다, 끼어들다 〈行列の間に割り込む 행렬 사이에 끼어들다〉 □たまる 모이다, (물 등이) 괴다 □映る 비치다 □逆さまに 거꾸로 □揺らめく 흔들거리다, 출렁거리다, 일렁이다 〈風に炎(ほのお)が揺らめく 바람에 불꽃이 일렁이다〉

十

馬車の中では、田舎紳士の饒舌が、早くも人々を五年以来の知己にした。しかし、男の子はひとり車体の柱を握って、その生き生きした眼で野の中を見続けた。

「お母ア、梨々。」

「ああ、梨々。」

馭者台では鞭が動き止まった。農婦は田舎紳士の帯の鎖に眼をつけた。

「もう幾時ですかいな。十二時は過ぎましたかいな。街へ着くと正午過ぎになりますやろな。」

□饒舌 요설;쓸데없이 말을 많이 함, 말이 많음, 다변 □早くも 이미, 재빨리, 벌써 □知己 지인 □柱 기둥 □握る 쥐다, 잡다 □生き生き 생생함, 생기가 넘치는 모습 □梨 배 □動き止まる 움직임이 멈추다 □帯 허리띠 □鎖 쇠사슬 □眼をつける 노리다, 점찍다 □幾時 몇 시

腹掛け

駅者台ではらっぱが鳴らなくなった。そうして、腹掛けのまんじゅうを、今やことごとく胃(い)のふの中へ落(おと)し込(こ)んでしまった駅者は、一層(いっそう)猫背を張(は)らせて居眠(いねむ)り出した。その居眠りは、馬車の上から、かの眼の大きな蠅が押(お)し黙(だま)った数段(すうだん)の梨(なし)畑(ばたけ)を眺(なが)め、真夏の太陽の光りを受けて真(ま)っ赤(か)に映(は)えた赤土(あかつち)の断崖(だんがい)を仰ぎ、突然に現(あらわ)れた激流(げきりゅう)を見(み)下(お)ろして、そうして、馬車が高(たか)い崖路(がけみち)の高低(こうてい)でかたかたときしみ出す音を聞(き)いてもまだ続いた。しかし、乗客(じょうきゃく)の中で、その駅者の居眠りを知っていた者(もの)は、わずかにただ蠅(はえ)一匹であるらしかった。蠅は車体の屋根の上から、駅者の垂(た)れ下(さ)がった半白(はんぱく)の頭に飛(と)び移(うつ)り、それから、濡(ぬ)れた馬の背中に止まって汗をなめた。

□ことごとく 전부, 모조리 〈財産(ざいさん)をことごとく失(うしな)った 재산을 모두 잃었다〉 □胃のふ 위 =胃袋(いぶくろ) □落し込む 떨어뜨려 넣다 □いっそう 한층, 더욱 □居眠り 앉아서 졺 □押し黙る 꾹 침묵을 지키다, 전혀 입을 열지 않다 〈여기서는 しんとしている(고요하다, 조용하다)의 뜻으로 쓰였음〉 □段 논밭의 넓이를 재는 단위, 마지기 〈1段은 300歩, 10段은 1町〉 □映える 빛나다, 두드러지다, 돋보이다 〈夜しか映えない花 밤에만 빛나는 꽃〉 □断崖 단애, 절벽, 낭떠러지 □仰ぐ 우러러보다, 쳐다보다 □現れる 나타나다, 출현하다 □激流 격류 □見下ろす 내려다보다, 깔보다 □崖路 벼랑길 □かたかた 달그락달그락 □きしみ出す 삐걱거리다, 삐걱거리기 시작하다 □わずかに 불과, 고작 □垂れ下がる 아래로 늘어지다, 처지다 〈しっぽが垂れ下がった犬 꼬리가 늘어진 개〉 □半白 반백 □飛び移る 옮겨 날다, 날아 옮기다 □濡れる 젖다 □なめる 핥다, 빨다

馬車は崖の頂上へさしかかった。馬は前方に現れた眼隠しの中の路に従って従順に曲がり始めた。しかし、そのとき、彼は自分の胴と、車体の幅とを考えることはできなかった。一つの車輪が路から外れた。突然、馬は車体に引かれて突き立った。瞬間、蠅は飛び上った。と、車体と一緒に崖の下へ墜落して行くほうらつな馬の腹が眼についた。そうして、人馬の悲鳴が高く一声発せられると、河原の上では、押し重なった人と馬と板片との塊が、沈黙したまま動かなかった。が、眼の大きな蠅は、今や完全に休まったその羽根に力をこめて、ただひとり、ゆうゆうと青空の中を飛んでいった。

□崖 벼랑 □さしかかる 접어들다, 다다르다 〈1月も中旬(ちゅうじゅん)にさしかかっている 1월도 중순에 접어들고 있다〉 □眼隠し 말의 주의를 다른 곳으로 빼기지 않기 위해서 양쪽 눈 바깥쪽에 붙이는 넓적한 마구(馬具), 눈가리개 □~に従って ~에 따라서 〈このマニュアルに従って実験を行(おこな)ってください 이 매뉴얼에 따라서 실험을 행해 주세요〉 □従順 순순히 순종함, 고분고분함 〈言うことを従順に聞く 말을 고분고분 잘 듣다〉 □曲がり始める 꺾어지기 시작하다 □胴 신체의 중간부, 수족 · 머리를 제외한 부분 =胴体(どうたい) 동체 □幅 폭 □車輪 차바퀴 〈여기서는 마차바퀴를 말함〉 □外れる 벗어나다, 벗겨지다, 빗나가다 □墜落 추락 □ほうらつ 멋대로 행동함, 방종함 〈ほうらつな生活 방탕한 생활〉 □眼につく 눈에 띄다 □人馬 사람과 말 □悲鳴 비명 □一声 하나의 소리 □発する 시작하다, (빛 · 음 등이) 밖으로 나오다 □河原 강가의 모래밭 □押し重なる 위에서 눌러 포개어지다 □板片 판자조각 □塊 덩어리 □沈黙 침묵 □休まる 심신이 편안해지다 □羽根 (새나 곤충의) 날개 □力をこめる 힘을 주다 □ゆうゆうと 유유히

작가 소개

梶井基次郎(かじいもとじろう, 1901~1932)

大阪(おおさか) 출신의 소설가. 문학에 이끌려 東京(とうきょう) 대학 영문과에 입학하지만 소년시절부터 앓아온 폐결핵으로 인해 중퇴하고 만다. 1925년 동인지 『青空(あおぞら)』를 창간하고 「檸檬(れもん)」「路上(ろじょう)」 등을 발표한다. 1927년에 伊豆(いず)시의 湯ヶ島(ゆがしま) 온천에서 요양 중 萩原朔太郎(はぎわらさくたろう), 川端康成(かわばたやすなり)(1899~1972) 등과 친교를 맺어 후에 川端의 『伊豆の踊子(いずのおどりこ)』의 교정을 돕는다.

基次郎는 병마와 싸우면서도 「冬の日(ふゆのひ)」「冬の蝿(ふゆのはえ)」「ある崖上の感情(あるがけうえのかんじょう)」 등을 발표했으나 동인지 중심의 활동으로 생전에는 그다지 인정받지 못했다.

基次郎의 작품은 섬세한 감수성에 의한 시적 정취가 풍부한 간결한 묘사가 특징으로, 사후의 재평가로 현재 근대일본문학의 고전과 같은 위치를 차지하고 있다. 대표작으로는 「檸檬(れもん)」「城のある町にて(しろのあるまちにて)」「桜の樹の下には(さくらのきのしたには)」 등이 있다.

작품 소개

檸檬

1925년 동인지 『青空』에 발표한 작품으로, 지병에 의한 권태와 우울증에 사로잡혀 거리를 방랑하던 〈나〉의 정신이 레몬의 차가움과 향기로 행복감으로 채워져 소생해가는 모습을 그렸다. 스스로 병에 고통받으면서도 투명감 넘치는 주옥같은 작품을 남긴 작가의 대표 작품 중 하나라 할 수 있다.

三重(みえ) 현 松阪(まつさか) 시에 있는 梶井基次郎의 문학비

檸檬(れもん)

梶井基次郎(かじいもとじろう)

えたいの知れない不吉(ふきつ)な塊(かたまり)が私の心を始終(しじゅう)押(おさ)えつけていた。焦燥(しょうそう)と言おうか、嫌悪(けんお)と言おうか——酒(さけ)を飲んだあとに二日酔(ふつかよ)いがあるように、酒を毎日飲んでいると二日酔いに相当(そうとう)した時期(じき)がやって来る。それが来たのだ。これはちょっといけなかった。結果(けっか)した肺尖(はいせん)カタルや神経衰弱(しんけいすいじゃく)がいけないのではない。また背を焼(や)くような借金(しゃっきん)などがいけないのではない。いけないのはその不吉な塊だ。

□檸檬 레몬 □えたい 정체 □始終 시종, 늘 □押えつける 꽉 누르다, 억압하다, 억누르다 □焦燥 초조 ■ ～と言おうか～言おうか (활용어의 종지형, 명사에 붙어) ~라고 할까 ~라고 할까 〈頭の中が真っ白と言おうか、何と言おうか、何も思い浮かばない 머릿속이 새하얗다고 할까 뭐라고 할까 아무것도 떠오르지 않는다〉 □嫌悪 혐오 □二日酔い 숙취 □相当する 상당하다, 상응하다 〈能力に相当する給料 능력에 상응하는 급료〉 □やって来る 찾아오다 □肺尖カタル(catarre) 폐의 윗쪽 염증, 특히 결핵성 염증 □神経衰弱 신경쇠약 □背を焼く 등골이 빠지다 □借金 빚

以前私を喜ばせたどんな美しい音楽も、どんな美しい詩の一節も辛抱がならなくなった。蓄音器を聴かせてもらいにわざわざ出かけて行っても、最初の二三小節で不意に立ち上がってしまいたくなる。何かが私をいたたまらずさせるのだ。それで始終私は街から街を浮浪し続けていた。

□一節 (문장 · 음악 등의) 한 구절 □辛抱 (어려움을) 참음, 참고 견딤 〈つらいのを辛抱して働く 괴로움을 참고서 일하다〉 □蓄音器 축음기 □わざわざ 일부러, 특별히 □小節 문장의 짧은 한 단락, (악보) 마디 □不意に 갑자기, 느닷없이 〈物音が不意にやんだ 소리가 갑자기 멎었다〉 □いたたまらず 참을 수 없이, 견딜 수 없이 〈=いたたまれない, 切(せつ)なくていたたまらない気持ちになった 안타까워 견딜 수 없는 기분이 들었다〉 □浮浪する 여기저기 떠돌아다니다, 방랑하다

なぜだかその頃(ころ)私は見(み)すぼらしくて美しいものに強くひきつけられたのを覚(おぼ)えている。風景(ふうけい)にしても壊(こわ)れかかった街だとか、その街にしてもよそよそしい表通(おもてどお)りよりもどこか親(した)しみのある、汚(きたな)い洗濯物(せんたくもの)が干(ほ)してあったりがらくたが転(ころ)がしてあったりむさくるしい部屋が覗(のぞ)いていたりする裏通(うらどお)りが好きであった。雨や風が蝕(むしば)んでやがて土(つち)に帰ってしまう、と言ったような趣(おもむき)のある街で、土塀(どべい)が崩(くず)れていたり家並(いえなみ)が傾(かたむ)きかかっていたり——勢(いきお)いのいいのは植物(しょくぶつ)だけで、時とするとびっくりさせるようなひまわりがあったりカンナが咲(さ)いていたりする。

□見すぼらしい 초라하다, 빈약하다 〈見すぼらしい家 누추한 집〉 □ひきつける 끌어당기다, 마음을 끌다 〈人をひきつけるところがある 사람의 마음을 끄는 데가 있다〉 ■～にしても (동사 보통형, 명사에 붙어) ~도 역시 〈行くにしても行かないにしても必ず電話します 가든 안 가든 반드시 전화하겠습니다〉 □壊れかかる 막 부서지려고 하다, 부서질 것 같다 □よそよそしい 서먹서먹하다, 어색하다 □表通り 한길, 큰길 ↔ 裏通(うらどお)り 뒷골목 길 □親しみ 친근함, 친밀함 □干す 말리다, 건조시키다 □がらくた 잡동사니 □転がす 굴리다, 넘어뜨리다 □むさくるしい 지저분하고 더럽다, 누추하다 〈むさくるしいところですが、どうぞお上がりください 누추한 곳이지만 어서 들어오세요〉 □蝕む 벌레가 먹어 모양이 상하다, 조금씩 상하여 나빠지다 〈病(やまい)が体を蝕む 병이 몸을 상하게 하다〉 □やがて 머지않아, 결국은

□趣 정취, 멋 □土塀 흙으로 만든 담, 토담 □崩れる 무너지다, 붕괴하다 □家並 집들이 즐비함, 또 그 모양새 □傾きかかる 막 기우려고 하다 □勢い 기세, 기운, 활기 □時とすると 어쩌면, 혹시 □ひまわり 해바라기 □カンナ 칸나

時どき私はそんな路(みち)を歩きながら、ふと、そこが京都(きょうと)ではなくて京都から何百里(なんびゃくり)も離(はな)れた仙台(せんだい)とか長崎(ながさき)とか——そのような市(まち)へ今自分が来ているのだ——という錯覚(さっかく)を起(お)こそうと努(つと)める。私は、できることなら京都から逃(に)げ出(だ)して誰(だれ)一人知らないような市(まち)へ行ってしまいたかった。第一(だいいち)に安静(あんせい)。がらんとした旅館(りょかん)の一室(いっしつ)。清浄(せいじょう)な布団(ふとん)。匂(にお)いのいい蚊帳(かや)と糊(のり)のよくきいた浴衣(ゆかた)。そこで一月(ひとつき)ほど何も思わず横(よこ)になりたい。ねがわくはここがいつの間(ま)にかその市(まち)になっているのだったら。——錯覚(さっかく)がようやく成功(せいこう)しはじめると私はそれからそれへ想像(そうぞう)の絵(え)の具(ぐ)を塗(ぬ)りつけてゆく。なんのことはない、私の錯覚と壊れかかった街との二重写(にじゅううつ)しである。そして私はその中に現実(げんじつ)の私自身を見失(みうしな)うのを楽(たの)しんだ。

□**ふと** 문득 □**錯覚** 착각 □**努める** 노력하다, 애쓰다 □**逃げ出す** 도망치다 □**安静** 안정 □**がらんと** 넓은 건물 속이 텅 빈 모양, 휑하게 〈がらんとした本堂(ほんどう) 휑한 본당〉 □**清浄** 청정, 맑고 깨끗함, 더럽거나 속되지 아니함 □**蚊帳** 모기장 □**糊がきく** (옷이나 이불 따위에) 풀이 잘 먹여지다 □**浴衣** 목욕한 뒤 혹은 여름철에 입는 무명 홑옷 □**横になる** 눕다 □**ねがわくは** 바라건대, 원컨대, 아무쪼록 〈ねがわくは無事であることを 아무쪼록 무사하기를〉 □**いつの間にか** 어느샌가 □**それからそれへ** 계속해서, 연달아 □**絵の具** 그림물감 □**塗りつける** 처바르다 □**二重写し** 한 화면에 다른 화면이 겹쳐져서 떠오르는 영상 표현, 오버랩(overlap) □**見失う** 보던 것을 시야에서 놓치다, 모습을 잃다

私はまたあの花火(はなび)というやつが好きになった。花火そのものは第二段(だいにだん)として、あの安(やす)っぽい絵の具で赤(あか)や紫(むらさき)や黄(き)や青(あお)や、さまざまの縞模様(しまもよう)を持った花火の束(たば)、中山寺(なかやまでら)の星下(ほしくだ)り、花合戦(はながっせん)、枯(か)れすすき。それからねずみ花火というのは一つずつ輪(わ)になっていて箱(はこ)に詰(つ)めてある。そんなものが変(へん)に私の心をそそった。

それからまた、びいどろという色ガラスで鯛(たい)や花を打(う)ち出(だ)してあるおはじきが好きになったし、南京玉(なんきんだま)が好きになった。またそれをなめてみるのが私にとってなんとも言えない享楽(きょうらく)だったのだ。あのびいどろの味ほどかすかな涼(すず)しい味が

▩ ～っぽい (동사 ます형, 명사에 붙어) ~답다, ~스럽다 〈おこりっぽい 화를 잘 내다〉 □縞模様 줄무늬 □束 묶음, 세트 □中山寺の星下り 별이 쏟아지는 것 같은 모양의 불꽃놀이 □花合戦 여러 가지 꽃이 어우러져 있는 모양의 불꽃놀이 □枯れすすき 마른 억새풀 모양의 불꽃을 일으키는 불꽃놀이 □ねずみ花火 작은 원형 모양으로 점화하면 지면을 빠르게 돌아다니다 불꽃을 일으킴 □輪 고리, 원형 □詰める 담다, 채우다 □変に 이상하게, 기묘하게 □そそる 흥미를 일으키다, 마음을 들뜨게 하다 〈好奇心をそそる 호기심을 일으키다〉 □びいどろ(vidro) 비드로, 유리 =ビードロ □色ガラス 색유리 □鯛 도미 □打ち出す 종이나 얇은 금속판을 안에서 두드려서 무늬를 겉으로 도드라져 나오게 하다 〈銅板(どうばん)に型を打ち出す 동판에 형을 겉으로 도드라져 나오게 하다〉 □おはじき 유리, 조개껍질 등을 펼쳐 놓고 손가락으로 튕겨 맞추어 따먹는 여자 아이들의 놀이, 또는 그 놀이에 쓰는 구슬 □南京玉 유리나 사기 구슬, 비즈 =ビーズ □～にとって ~에게는, ~에게 있어 〈山登りはぼくにとってかけがえのない楽しみだ 등산은 나에게는 둘도 없는 즐거움이다〉 □なんともいえない 뭐라 형언할 수 없는, 뭐라고 말 할 수 없는 □享楽 향락

あるものか。私は幼(おさな)い時よくそれを口に入れては父母(ふぼ)に叱(しか)られたものだが、その幼時(ようじ)のあまい記憶(きおく)が大きくなって落(お)ちぶれた私に蘇(よみがえ)ってくるせいだろうか、まったくあの味にはかすかな爽(さわ)やかななんとなく詩美(しび)と言ったような味覚(みかく)が漂(ただよ)って来る。

察(さっ)しはつくだろうが私にはまるで金がなかった。とは言えそんなものを見て少しでも心の動きかけた時の私自身を慰(なぐさ)めるためには贅沢(ぜいたく)ということが必要であった。二銭(せん)や三銭(せん)のもの――と言って贅沢なもの。美しいもの――と言って無気力(むきりょく)な私の触角(しょっかく)にむしろこびて来るもの。――そう言ったものが自然私を慰めるのだ。

■ ～ものか (동사 · い형용사의 원형, 부정형에 붙어 강한 부정을 나타냄) ~할까보냐 〈お前の言うことなんか聞くもんか 네 녀석이 하는 말 같은 거 들을까보냐〉 □ 幼い 어리다 ■ ～たものだ (동사 · い형용사의 た형에 붙어 과거 회상을 나타냄) ~하곤 했다 〈小学生の時隣の家のユウ君とよくけんかしたものだ 초등학교 때 옆집 유 군이랑 자주 싸우곤 했다〉 □ 落ちぶれる 가난해지다, 보잘 것 없어지다, 영락하다 □ 蘇る 되살아나다, 소생하다 〈記憶が蘇る 기억이 되살아나다〉 □ せい 탓, 이유 〈人のせいにする 남의 탓으로 돌리다〉 □ 爽やか 시원한 모양, 상쾌한 모양 □ なんとなく 어쩐지, 왠지, 무심코 =なんだか □ 漂う 감돌다, 떠돌다, 헤매다 □ 察し 이해, 짐작, 미루어 살핌 〈察しはつく 짐작은 가다, 察しがいい 이해가 빠르다〉 □ まるで 전혀, 마치 □ とは言え 그렇다 하더라도, 그렇지만 □ 動きかける 작용하다 □ 贅沢 호사, 사치 □ ～銭 ~전 〈옛날 일본 화폐 단위의 하나〉 □ 触覚 촉각 □ むしろ 오히려, 차라리 □ こびる 아첨하다, 아부하다, 요염하게 굴다, 아양 떨다

生活がまだ蝕(むしば)まれていなかった以前私の好きであった所は、たとえば丸善(まるぜん)*であった。赤や黄のオードコロンやオードキニン。洒落(しゃれ)た切子細工(きりこざいく)や典雅(てんが)なロココ趣味(しゅみ)の浮模様(うきもよう)を持った琥珀色(こはくいろ)や翡翠色(ひすいいろ)の香水(こうすい)びん。きせる、小刀(こがたな)、せっけん、煙草(たばこ)。私はそんなものを見るのに小(こ)一時間も費(つい)やすことがあった。そして結局一等(けっきょくいっとう)いい鉛筆(えんぴつ)を一本(いっぽん)買うくらいの贅沢をするのだった。しかしここももうその頃の私にとっては重(おも)くるしい場所に過ぎなかった。

書籍(しょせき)、学生、勘定台(かんじょうだい)、これらはみな借金取(しゃっきんと)りの亡霊(ぼうれい)のように私には見えるのだった。

□オードコロン(eau de Cologne) 오드콜로뉴 〈상쾌한 향의 알콜성 화장수로, 일반적으로는 オーデコロン이라고 함〉 □オードキニン(eau de quinine) 오드퀴닌 □洒落 멋짐, 세련됨 〈洒落たデザイン 세련된 디자인〉 □切子 정육면체의 각각의 모서리를 잘라낸 것 〈切子細工(ざいく) 유리세공〉 □典雅 전아, 바르고 우아함, 품위가 있음 〈典雅な文章 우아한 문장〉 □ロココ(rococo) 로코코 〈18세기 중엽 프랑스를 중심으로 유행한 장식 미술의 한 양식〉 □浮模様 부조 무늬, 도드라진 무늬 □琥珀色 호박색 〈투명한 노란색〉 □翡翠色 비취색 〈짙고 푸른색〉 □香水びん 향수병 □きせる 담뱃대

□小刀 작은 칼, 나이프 □小一時間 약 한 시간 〈小一日 거의 하루〉 □費やす 낭비하다, 소비하다 □一等 가장 〈=最(もっと)も, これが一等いい 이것이 가장 좋다〉 □重くるしい 짓눌리는 것 같이 괴롭다, 가슴이 답답하다 □～に過ぎない ~에 지나지 않다, ~에 불과하다 □書籍 서적 □勘定台 계산대 □借金取り 빚쟁이, 채권자 □亡霊 망령

* 丸善 1869년 丸屋商社로 출발해 서양의 문화 · 학술과 관련된 상품 소개에 주력했음. 현재는 대형 서점, 출판사, 건설, 내장, 도서관 등 폭넓은 사업에 관여하고 있으며, 이 소설의 무대가 된 쿄토(京都) 점의 폐점 당시 이를 아쉬워한 많은 사람들이 건물 앞에 레몬을 두고 갔다고 함.

ある朝——その頃私は甲の友達から乙の友達へというふうに友達の下宿を転々として暮らしていたのだが——友達が学校へ出てしまったあとの空虚な空気のなかにぽつねんと一人取り残された。私はまたそこからさまよい出なければならなかった。何かが私を追いたてる。そして街から街へ、先に言ったような裏通りを歩いたり、駄菓子屋の前で立ち止まったり、乾物屋の乾蝦や棒鱈や湯葉を眺めたり、とうとう私は二条の方へ寺町を下り、そこの果物屋で足を止めた。

□ **〜ふうに** ~식으로, ~풍으로 □ **転々** 전전, 여기저기 옮겨다님 □ **ぽつねんと** 혼자서 쓸쓸하게 있는 모양 〈ひとりぽつねんとものおもいにふける 혼자 쓸쓸히 사색에 잠기다〉 □ **取り残す** 남겨두다 □ **さまよう** 방황하다, 배회하다 〈吹雪(ふぶき)の中をさまよう 눈보라 속을 헤매다〉 □ **追いたてる** 쫓아내다, 세든 사람을 억지로 내쫓다 □ **駄菓子** 막과자 □ **乾物屋** 건어물가게 〈乾物・干物(ほしもの) 건어물〉 □ **乾蝦** 말린새우 □ **棒鱈** 대구포 □ **湯葉** 두유를 끓여 표면에 생긴 얇은 막을 떠서 만든 식품 □ **とうとう** 결국, 마침내 〈彼はとうとう成功した 그는 마침내 성공했다〉 □ **二条** 교토에 있는 거리명 □ **寺町** 京都御所(きょうとごしょ)의 동쪽에서 남북으로 난 거리로, 약 4백m 정도임

ここでちょっとその果物屋を紹介(しょうかい)したいのだが、その果物屋は私の知っていた範囲(はんい)で最(もっと)も好きな店であった。そこは決(けっ)して立派な店ではなかったのだが、果物屋固有(こゆう)の美しさが最も露骨(ろこつ)に感ぜられた。果物はかなり勾配(こうばい)の急(きゅう)な台(だい)の上に並(なら)べてあって、その台というのも古(ふる)びた黒い漆塗(うるしぬ)りの板(いた)だったように思える。何か華(はな)やかな美しい音楽のアッレグロの流(なが)れが、見る人を石(いし)に化(か)したというゴルゴンの鬼面(きめん)——的(てき)なものを差(さ)しつけられて、あんな色彩(しきさい)やあんなヴォリウムに凝(こ)り固(かた)まったというふうに果物は並んでいる。青物(あおもの)もやはり奥(おく)へゆけばゆくほどうず高く積(つ)まれている。——実際(じっさい)あそこの人参(にんじん)葉(ば)の美しさなどは素晴(すば)らしかった。それから水に漬(つ)けてある豆(まめ)だとかくわいだとか。

□範囲 범위 □決して 결코 □露骨 노골 □勾配 경사 □急 급함 □台 대, 받침대 □古びる 낡다, 헐다 □漆塗り 옻칠 □板 판자, 널빤지 □アッレグロ 알레그로, 빠르고 경쾌하게 =アレグロ □石に化する 돌로 만들다 □ゴルゴン 그리스 신화에 나오는 추한 모습의 괴물 세 자매(스테노, 에우리알레, 메두사) □鬼面 도깨비 얼굴, 도깨비 화상 □差しつける 밀어붙이다, 밀어내다, 얼굴 앞에 내밀다, 들이대다 □色彩 색채 □凝り固まる 응고되다 〈凝り固まってとれない 응고되어 뗄 수가 없다〉 □青物 채소류의 총칭, 채소 〈青物市 채소 시장〉 □奥 안(쪽) ■ ～ば～ほど ~하면 ~할수록 〈あの二人は見れば見るほど似ている 저 두 사람은 보면 볼수록 닮았다〉 □うず高い 쌓여서 높다, 산더미 같다 〈うず高い本の山 산더미 같은 책더미〉 □積まれる 쌓이다 □人参葉 당근 잎 □漬ける 담그다, (채소 등을) 절이다 □くわい 소귀나물

またそこの家の美しいのは夜だった。寺町通はいったいに賑かな通りで——と言って感じは東京や大阪よりはずっと澄んでいるが——飾り窓の光がおびただしく街路へ流れ出ている。それがどうしたわけかその店頭の周囲だけが妙に暗いのだ。もともと片方は暗い二条通に接している街角になっているので、暗いのは当然であったが、その隣家が寺町通にある家にもかかわらず暗かったのがはっきりしない。しかしその家が暗くなかったら、あんなにも私を誘惑するには至らなかったと思う。もう一つはその家の打ち出したひさしなのだが、そのひさしが眼深にかぶった帽子のひさしのように——これは形容というよりも、「おや、あそこの店は帽子のひさしをやけに下げているぞ」と思わせるほどなので、ひさしの上はこれも真っ暗なのだ。そう周囲が真っ暗なため、店頭に点け

□**いったいに** 전반적으로, 대체로 〈成績はいったいによい 성적은 대체로 좋다〉 □**澄む** 맑다, 투명하다, 깨끗하다 〈보통 澄んでいる의 형태로 씀〉 □**飾り窓** 상품을 진열하는 창 ＝ショーウインドー □**おびただしい** 엄청나다, (수량이) 매우 많다, 정도가 심하다 〈おびただしい人が集まる 엄청난 인파가 모이다〉 □**街路** 시가지의 넓은 도로 □**わけ** 까닭, 이유, 사정 □**妙** 오묘함, 절묘함 □**もともと** 본디부터, 원래 □**片方** 한쪽 □**街角** 길모퉁이 ▩ **～にもかかわらず** (동사 · い형용사의 보통형, な형용사である, 명사에 붙어) ~임에도 불구하고, ~인데도 〈病気にもかかわらずよくここまでがんばった 아픈 몸임에도 불구하고 지금까지 잘 버티어냈다〉 □**誘惑** 유혹 □**至る** 도달하다, (시기 · 시간이) 되다 □**ひさし** 차양, 모자챙 〈여기서는 이 두 가지 뜻 모두 쓰이고 있음〉 □**眼深** 눈을 가릴 정도로 모자를 깊이 눌러 쓴 모양 〈일반적으로는 目深로 씀〉 □**やけに** 몹시, 지독히, 무턱대고 〈どうした？やけにおとなしいな 웬일이지? 되게 점잖은데〉 □**点ける** (불을) 켜다

られたいくつもの電灯(でんとう)がしゅう雨のように浴(あ)びせかけるけんらんは、周囲の何者(なにもの)にも奪(うば)われることなく、ほしいままにも美しい眺(なが)めが照(て)らし出されているのだ。裸(はだか)の電灯が細長(ほそなが)い螺(ら)旋棒(せんぼう)をきりきり眼の中へ刺(さ)し込(こ)んでくる往来(おうらい)に立(た)って、また近所(きんじょ)にあるかぎ屋(や)の二階のガラス窓(まど)をすかして眺めたこの果物店の眺めほど、その時どきの私を興(きょう)がらせたものは寺町の中でも稀(まれ)だった。

その日私はいつになくその店で買物(かいもの)をした。というのはその店には珍(めず)らしい檸檬(れもん)が出ていたのだ。檸檬などごくありふれている。がその店というのも見すぼらしくはないまでもただあたりまえの八百屋(やおや)に過(す)ぎなかったので、それまであまり見かけたことはなかった。いったい私はあの檸檬が好きだ。

□**しゅう雨** 취우, 소나기 □**浴びせかける** 들씌우다, 끼얹다 □**けんらん** 현란, 휘황찬란한 모양, 아름답고 빛나는 모양 □**奪う** 빼앗다, 탈취하다 □**ほしいまま** 제멋대로임 〈権力(けんりょく)をほしいままにする 권력을 믿고 맘대로 횡포를 자행하다〉 □**眺め** 조망, 전망 □**照らし出す** 빛을 비추어 확실히 보이게 하다 □**螺旋棒** 나선봉, 나선 모양으로 된 막대기 □**きりきり(と)** 삐걱삐걱, 뱅뱅, 찌르듯이 아픈 모양 □**刺し込む** 찔러넣다, 끼워넣다 □**往来** 도로 〈往来で遊んではいけない 도로에서 놀면 안 된다〉 □**かぎ屋** 열쇠가게 □**すかす** 틈 사이로 보다, 비쳐 보다 〈木の間をすかして見る 나무 틈 사이로 보다〉 □**興がる** 흥겨워하다, 재미있어 하다 〈つまらない話を興がって聞きいる 시시한 이야기를 흥미 있게 귀 기울여 듣다〉 □**稀** 드묾, 희소 〈こんな例は稀だ 이런 예는 드물다〉 □**いつになく** 평소와는 달리, 이례적으로 〈いつになく静かな夜 평소와 달리 조용한 밤〉 □**ごく** 지극히, 대단히 □**ありふれる** 흔하다, 어디에나 있다 ■**～ないまでも** (ない형에 붙어) ~까지는 아니더라도, ~할지언정 〈9時とは言わないまでも7時までは手伝ってほしいな 9시까지는 아니더라도 7시까지는 도와주었으면 좋겠어〉 □**あたりまえ** 당연함 □**見かける** 눈에 띄다 □**いったい** 도대체, 원래

レモンエロウの絵の具をチューブから搾(しぼ)り出して固めたようなあの単純(たんじゅん)な色も、それからあの丈(たけ)の詰(つ)まった紡錘形(ぼうすいけい)の恰好(かっこう)も。――結局私はそれを一つだけ買うことにした。それからの私はどこへどう歩いたのだろう。私は長い間街を歩いていた。始終私の心を押えつけていた不吉(ふきつ)な塊(かたまり)がそれを握った瞬間(しゅんかん)からいくらかゆるんで来たとみえて、私は街の上で非常(ひじょう)に幸福(こうふく)であった。あんなにしつこかった憂鬱(ゆううつ)が、そんなものの一顆(いっか)で紛(まぎ)らされる――あるいは不審(ふしん)なことが、逆説的(ぎゃくせつてき)なほんとうであった。それにしても心というやつはなんという不可思議(ふかしぎ)なやつだろう。

その檸檬の冷(つめ)たさはたとえようもなくよかった。その頃私は肺尖(はいせん)を悪くしていていつも身体(からだ)に熱(ねつ)が出た。事実(じじつ)友達の誰(だれ)

□**レモンエロウ** 레몬옐로우 =レモンイエロー □**搾り出す** (액체 등을) 짜내다 □**丈** 물건의 높이, 신장(身長), 길이 □**詰まる** 가득차다, 줄다, 줄어들다 □**紡錘形** 방추형, 원기둥꼴 □**恰好** 모양, 모습 ■**～ことにする** ~하기로 하다 〈개인적인 결정임을 나타냄, ～ことになる ~하기로 되다(조직이나 단체의 결정임을 나타냄), 生まれて初めてペットを飼(か)うことにした 태어나서 처음으로 애완동물을 키우기로 했다〉 □**ゆるむ** 느슨해지다, 관대해지다, 마음을 놓다 〈取り締(しま)りがゆるむ 단속이 느슨해지다, 気がゆるむ 마음이 해이해지다〉 □**しつこい** 귀찮다, 집요하다, 끈질기다 〈しつこい人 집요한 사람〉 □**憂鬱** 우울 □**顆** 작은 과일이나 보석 따위를 세는 단위 〈玉三顆 구슬 세 개〉 □**紛らす** (슬픔이나 괴로움을) 다른 일로 잊게 만들다 〈気を紛らす 다른 일로 기분을 전환시키다〉 □**不審** 의심스러움, 수상함 □**それにしても** 그렇다 하더라도, 그렇다고 쳐도 □**不可思議** 불가사의 □**たとえる** 비교하다 ■**～ようが(も)ない** (동사의 ます형에 붙어) ～하려고 해도 할 수가(도) 없다 〈作りようがない 만들 수가 없다〉 □**肺尖** 폐의 윗부분 □**誰彼** 이사람 저사람

彼に私の熱を見(み)せびらかすために手の握り合(あ)いなどをしてみるのだが、私の掌(てのひら)が誰のよりも熱(あつ)かった。その熱いせいだったのだろう、握っている掌から身内(しんない)に浸(し)み透(とお)ってゆくようなその冷たさは快(こころよ)いものだった。

私は何度も何度もその果実(かじつ)を鼻に持っていっては嗅(か)いでみた。それの産地(さんち)だというカリフォルニヤが想像(そうぞう)に上(あ)がって来る。漢文(かんぶん)で習(なら)った「売柑者之言(ばいかんじゃのげん)」*の中に書いてあった「鼻をうつ」という言葉がきれぎれに浮(う)かんで来る。そしてふかぶかと胸一杯(むねいっぱい)に匂(にお)やかな空気を吸(す)い込(こ)めば、ついぞ胸一杯に呼吸(こきゅう)したことのなかった私の身体(からだ)や顔には温(あたた)かい血のほとぼりが昇(のぼ)って来てなんだか身内(しんない)に元気が目覚(めざ)めて来たのだった。……

□**見せびらかす** 자랑하며 보이다, 보이며 뽐내다 □**握り合い** 서로 맞잡음 □**掌** 손바닥 □**浸み透る** 속속들이 베어들다, 깊이 베어들다 〈骨の骨髄(こつずい)まで浸み透る 골수까지 스며들다〉 □**快い** 상쾌하다, 유쾌하다 □**嗅ぐ** 냄새를 맡다 □**鼻をうつ** (냄새가) 코를 찌르다 □**きれぎれ** 여러 개로 잘게 조각남, 또 그 조각 □**浮かぶ** 뜨다, 나타나다, (머릿속에) 떠오르다 □**ふかぶか(と)** 깊숙이, 매우 깊은 모양 〈帽子をふかぶかとかぶる 모자를 깊숙이 눌러 쓰다〉 □**匂やか** 향긋함, 윤기 있고 아름다움 □**吸い込む** 들이마시다 □**ついぞ** 여태껏, 한 번도 〈ついぞ見たことがない 한 번도 본 일이 없다〉 □**ほとぼり** 열기, 여열, 잔열 〈たき火(び)のほとぼりで身をあたためる 모닥불의 여열로 몸을 녹이다〉 □**目覚める** 잠을 깨다, 눈뜨다 〈現実に目覚める 현실에 눈뜨다〉

* **売柑者之言** 명나라의 유기(劉基)가 지은 풍자문. 柑은 겉은 윤기가 나지만 속은 푸석푸석한 과일로, 당시 항주(杭州)에서 柑을 팔고 있던 상인에게 관리들이 어째서 그렇게 겉과 속이 다른 과일을 파느냐고 하자, "요즘 문무 대신들도 겉은 번지르르하지만 속은 썩고 무능한데 이런 것쯤 파는 게 뭐가 그리 잘못이냐?"라고 하였다 함. 유기는 이 상인의 말을 빗대어 당시 문무 대신들의 무능을 비판함

実際あんな単純な冷覚(れいかく)や触覚(しょっかく)や嗅覚(きゅうかく)や視覚(しかく)が、ずっと昔からこればかり探(さが)していたのだと言いたくなったほど私にしっくりしたなんて私は不思議に思える——それがあの頃のことなんだから。

私はもう往来(おうらい)を軽(かろ)やかに昂奮(こうふん)に弾(はず)んで、一種誇(いっしゅほこ)りかな気持さえ感じながら、美的装束(しょうぞく)をして街をかっぽした詩人(しじん)のことなど思(おも)い浮(うか)べては歩いていた。汚れた手ぬぐいの上へ載(の)せてみたりマントの上へあてがってみたりして色の反映(はんえい)を量(はか)ったり、またこんなことを思ったり、

——つまりはこの重さなんだな。——

□嗅覚 후각 □しっくり 잘 맞는 모양, 잘 어울리는 모양, 어떤 일이 잘 수습되는 모양 〈親子の間がしっくりいかない 부모와 자식 사이가 원만하지 못하다〉 □軽やか 가뿐함, 경쾌함 □昂奮 흥분 □弾む (반동으로) 튀다, 들뜨다 □誇りか 자랑스러워 하는 모양, 자신 있어 하는 모양 ＝ほこらか ■～さえ (명사에 붙어) ~조차, ~마저 〈この薬は甘くて子どもさえ飲めます 이 약은 달아서 아이들도 먹을 수 있습니다〉 □装束 의관을 갖춤, 의식에 입는 예복 〈白い装束に身を包んで参加した 흰 예복 차림으로 참가했다〉 □かっぽ 활보 □思い浮べる 생각을 떠올리다, 문득 생각해 내다 □手ぬぐい 수건 □あてがう (어느 물건에) 꼭 대다 〈受話器(じゅわき)を耳にあてがう 수화기를 귀에 꼭 대다〉 □量る 어림잡다, 짐작하다

その重さこそ常(つね)づね私が尋(たず)ねあぐんでいたもので、疑(うたが)いもなくこの重さはすべての善(よ)いものすべての美しいものを重量(じゅうりょう)に換算(かんさん)して来た重さであるとか、思いあがった諧謔心(かいぎゃくしん)からそんなばかげたことを考えてみたり――何がさて私は幸福(こうふく)だったのだ。

どこをどう歩いたのだろう、私が最後に立ったのは丸善の前だった。平常(へいじょう)あんなに避(さ)けていた丸善がその時の私にはやすやすと入れるように思えた。

「今日は一つ入ってみてやろう」そして私はずかずか入って行った。

■ ～こそ (명사에 붙어) ~야말로 〈강조를 나타냄, 今こそ始めましょう 지금이야말로 시작합시다〉 □ **常づね** 평소, 일상, 언제나 □ **あぐむ** (단독으로 쓰지 않고 다른 동사의 ます형에 붙어) 지치다, 싫증이 나다, 힘에 겹다, 처치 곤란하다 〈待ちあぐむ 기다림에 지치다〉 □ **思いあがる** 우쭐해서 남을 깔보게 되다, 잘난 체하다 〈思いあがった態度 우쭐해진 태도〉 □ **諧謔** 해학, 익살 섞인 농담, 재미있는 농담 □ **ばかげる** 우습게 보이다, 어리석게 생각하다 □ **何がさて** 어쨌든, 여하튼, 우선 먼저 □ **平常** 평소, 보통 □ **避ける** 피하다 □ **やすやす(と)** 아주 쉽게, 간단하게, 매우 편안하게 〈問題をやすやすと解(と)く 문제를 아주 쉽게 풀다〉 □ **一つ** 조금, 한번 〈一つためしてみよう 한번 시험해 보자〉 □ **ずかずか(と)** 사양하지 않고, 거침없이 나아가는 모양 〈본문의 ずかずか는 すかすか(거리낌 없이 지나가는 모양, 술술 통과하는 모양)의 변형이라고 보아야 함〉

しかしどうしたことだろう、私の心を充(み)たしていた幸福な感情(かんじょう)はだんだん逃(に)げていった。香水(こうすい)のびんにもきせるにも私の心はのしかかってはゆかなかった。憂鬱が立てこめて来る、私は歩(ある)き回(まわ)った疲労(ひろう)が出て来たのだと思った。私は画本(がほん)の棚(たな)の前へ行ってみた。画集(がしゅう)の重たいのを取り出すのさえ常(つね)に増(ま)して力(ちから)が要(い)るな！と思った。

しかし私は一冊ずつ抜(ぬ)き出(だ)してはみる、そして開けてはみるのだが、克明(こくめい)にはぐってゆく気持はさらに湧(わ)いて来ない。しかも呪(のろ)われたことにはまた次(つぎ)の一冊を引き出して来る。それも同じことだ。それでいて一度バラバラとやってみなくては気が済(す)まないのだ。それ以上はいたたまらなくなってそこ

□充たす 충족시키다, 만족시키다 □のしかかる (몸을 뻗쳐 위에서) 덮치다, 덮쳐누르다 〈重圧(じゅうあつ)がのしかかる 중압감이 누르다〉 □立てこめる 연기나 안개 따위가 가득차다, 자욱하다 □画本 그림 견본책, 그림을 모아 놓은 책 □画集 그림을 모아 놓은 책 □重たい 묵직하다, 굼뜨다 □取り出す 꺼내다, 끄집어 내다 □常に 항상, 늘 □増して ~이상으로, 더한층 〈前にも増して忙しくなった 전보다 더한층 바빠졌다〉 □要る 필요하다 □抜き出す 뽑아내다, 골라내다 □克明 자세하고 꼼꼼함, 성실함 □はぐる 벗어젖히다, 책장 등을 넘기다 〈こよみをはぐる 달력을 넘기다〉 □さらに~ない 결코(조금도) ~않다 〈思い残すことはさらにない 미련은 조금도 없다〉 □沸く 솟다, 솟아나다 □呪う 저주하다 □引き出す 꺼내다, (예금을) 인출하다 □バラバラ 하나로 된 것이 따로따로 흩어지는 모양, 뿔뿔이 □気が済む 후련해지다, 직성이 풀리다

へ置(お)いてしまう。以前の位置(いち)へ戻(もど)すことさえできない。私は幾度(いくど)もそれを繰(く)り返(かえ)した。とうとうおしまいには日頃(ひごろ)から大好きだったアングル*のだいだい色(いろ)の重い本までなおいっそうの堪(た)えがたさのために置いてしまった。――なんという呪われたことだ。手の筋肉(きんにく)に疲労が残っている。私は憂鬱になってしまって、自分が抜(ぬ)いたまま積(つ)み重(かさ)ねた本の群(むれ)を眺めていた。

以前にはあんなに私をひきつけた画本がどうしたことだろう。一枚一枚に眼をさらし終わって後、さてあまりに尋常(じんじょう)な周囲を見回(みまわ)すときのあの変(へん)にそぐわない気持を、私は以前には好んで味(あじ)わっていたものであった。……

□幾度も 몇 번이나, 여러번 □繰り返す 되풀이하다, 반복하다 □おしまい 마지막, 끝 □日頃 평소, 요즈음 □だいだい色 오렌지색, 붉은 기가 있는 노란색 □なおいっそう 더한층 □堪えがたい 참기 어렵다, 견딜 수 없다 □抜く 빼다 □積み重ねる 겹겹이 쌓다, 포개어 쌓다 □眼をさらす 응시하다, 뚫어지게 보다 □さて 자, 그건 그렇고, 그리고, 그 뒤 □尋常 심상, 보통인 모양, 평범함 〈彼はどこか尋常でないところがある 그는 어딘가 평범하지 않은 데가 있다〉 □見回す 둘러보다 □そぐわない 잘 어울리지 않다, 제격이 아니다, 적합하지 않다 〈この服にこの帽子はそぐわない 이 옷에 이 모자는 어울리지 않는다〉 □好んで 기꺼이 즐겨 □味わう 맛보다, 음미하다

* アングル(Jean Auguste Dominique Lngres, 1780~1867) 19세기 프랑스의 고전주의를 대표하는 화가로, 초상화, 역사화, 나체화에 뛰어 났음. 대표적인 작품으로 〈샘〉, 〈터기목욕탕〉 등이 있음.

「あ、そうだそうだ」その時私はたもとの中の檸檬を思(おも)い出した。本の色彩(しきさい)をゴチャゴチャに積みあげて、一度この檸檬で試(ため)してみたら。「そうだ」

私にまた先ほどの軽やかな昂奮(こうふん)が帰って来た。私は手当(てあ)たり次第(しだい)に積みあげ、また慌(あわ)ただしく潰(つぶ)し、また慌ただしく築(きず)きあげた。新しく引(ひ)き抜(ぬ)いてつけ加(くわ)えたり、取(と)り去(さ)ったりした。奇怪(きかい)な幻想的(げんそうてき)な城(しろ)が、そのたびに赤くなったり青くなったりした。

やっとそれはでき上がった。そして軽く踊(おど)りあがる心を制(せい)しながら、その城壁(じょうへき)の頂(いただき)に恐(おそ)る恐る檸檬を据(す)えつけた。そしてそれは上出来(じょうでき)だった。

□たもと 소매, 소맷자락 □ゴチャゴチャ 매우 혼잡한 모양, 어지러이 뒤섞인 모양 〈ゴチャゴチャ並べてある 어수선하게 늘어져 있다〉 □積みあげる 쌓아올리다 □試す 시험삼아 해보다 □先ほど 조금 전 □手当たり次第(に) 닥치는 대로 □慌ただしい 어수선하다, 분주하다, 거칠다 □潰す 깨다, 찌부러뜨리다 □築きあげる 쌓아올리다 □引き抜く 잡아뽑다, 뽑아내다 □つけ加える 보태다, 덧붙이다 □取り去る 없애다, 제거하다 □奇怪 기괴(함) □幻想 환상 □城 성 ■~たびに(度に) (동사 기본형, 명사の에 붙어) ~할 때마다, ~할 적마다 〈東京に行くたびにもんじゃ焼きを食べる 토쿄에 갈 때마다 몬자야키를 먹는다〉 □でき上がる 물건이 완성되다, 이루어지다 □踊りあがる 뛰어오르다, 껑충 뛰다 □制する 억제하다, 자제하다 □頂 머리, 산꼭대기 □恐る恐る 두려워하면서, 조심하면서, 조심조심 〈恐る恐る申しあげる 조심하면서 말씀드리다〉 □据えつける 고정시켜 움직이지 않게 하다, 설치하다 □上出来 좋은 결과, 훌륭한 성과

見わたすと、その檸檬の色彩はガチャガチャした色の諧調(かいちょう)をひっそりと紡錘形の身体の中へ吸収(きゅうしゅう)してしまって、カーンと冴(さ)えかえっていた。私はほこりっぽい丸善の中の空気が、その檸檬の周囲だけ変に緊張(きんちょう)しているような気がした。私はしばらくそれを眺めていた。

不意に第二のアイディアが起こった。その奇妙(きみょう)なたくらみはむしろ私をぎょっとさせた。

——それをそのままにしておいて私は、なに食わぬ顔をして外へ出る。——

□**見わたす** 멀리까지 바라보다 □**ガチャガチャ** 어지러이 뒤섞인 모양, 어수선한 모양 〈ゴチャゴチャ의 변형〉 □**諧調** 해조, 조화를 이룸, 잘 조화된 가락 □**ひっそり** 조용히, 가만히, 남몰래 □**吸収** 흡수 □**カーンと** 매우 맑은 모양 □**冴えかえる** (빛 · 소리 등이) 아주 맑다, 봄이 되어 다시 추워지다 〈冬の空に星が冴える 겨울 하늘에 별이 초롱초롱하다〉 □**ほこりっぽい** 먼지로 가득차다 □**緊張** 긴장 □**気がする** 생각이 들다, 기분이 들다 □**奇妙** 기묘(함) □**たくらみ** (주로 나쁜 일을) 획책함, 계획함 □**ぎょっと** 오싹, 섬뜩, 흠칫, 생각지도 않은 일에 부딪혀 매우 놀라는 모양 〈ぎょっと立ちすくむ 깜짝 놀라 꼼짝달싹 못하다〉 □**なに食わぬ顔をする** 알면서도 모르는 체하다, 시치미를 떼다

私は変にくすぐったい気持がした。「出て行こうかなあ。そうだ出て行こう」そして私はすたすた出て行った。

変にくすぐったい気持が街の上の私をほほえませた。丸善の棚へ黄金色に輝く恐ろしい爆弾を仕掛けて来た奇怪な悪漢が私で、もう十分後にはあの丸善が美術の棚を中心として大爆発をするのだったらどんなにおもしろいだろう。

私はこの想像を熱心に追求した。「そうしたらあの気詰まりな丸善も粉葉みじんだろう」

そして私は活動写真の看板画が奇体な趣で街を彩っている京極を下って行った。

□くすぐったい 간지럽다, 근질거리다 □すたすた(と) 한눈팔지 않고 바쁘게 걸어가는 모양 □ほほえむ 미소짓다 □**黄金色** 황금색 □**輝く** 빛나다 □**爆弾** 폭탄 □**仕掛ける** (폭약, 불꽃 등을) 장치하다 □**悪漢** 악한 ; 악독한 짓을 하는 사람 □**追求** 추구 □**気詰まり** 어색함, 서먹서먹함, 마음이 거북함 □**粉葉みじん** 산산조각이 남 〈보통은 木っ端みじん으로 씀, 大波(おおなみ)で舟が木っ端みじんになる 큰 파도로 배가 산산조각이 나다〉 □**活動写真** 영화의 옛날 말 □**奇体** 기이함, 괴상함 □**彩る** 색칠하다, 채색하다, 장식하다, 꾸미다 □**京極** 쿄토(京都) 시의 산죠도리(三条通)와 시죠도리(四条通) 사이의 남북으로 뻗은 대로

작가 소개

国木田独歩(くにきだ どっぽ, 1871~1908)

千葉(ちば) 현 銚子(ちょうし) 출생으로 본명은 哲夫(てつお)이다. 1888년 현재의 早稲田(わせだ) 대학에 입학하였으나, 학생운동에 연루되어 1891년에 퇴학당한 후 각지를 전전한다. 1897년에 공저 시집 『抒情詩(じょじょうし)』를 출판하고, 「武蔵野(むさしの)」, 「春の鳥(はるのとり)」에서 낭만적인 인생관과 자연관의 극치를 그렸다. 独歩의 작품이 각광을 받은 것은 만년에 간행한 『独歩集(どっぽしゅう)』(1905년)와 『運命(うんめい)』(1906년)로 自然主義의 문단에 들어서면서부터였다. '자연주의의 선구자'라는 평을 받고 있는 独歩의 작품은 청순하고 젊음이 넘치며 자유분방한 것이 특징이다.

작품 소개

武蔵野(むさしの)

1888년에 「今の武蔵野」라는 제목으로 『国民之友』(こくみんのとも)(평론잡지, 1887~1898)에 발표한 시적인 산문(散文)으로, 1901년에 「武蔵野」로 제목을 바꾸어 간행하였다. 「武蔵野」는 일기를 곁들여서 작가의 감상을 서술한 것으로, 아름다운 武蔵野의 자연에서 시를 구상하였으며 武蔵野의 맑고 산뜻함이 소박하고 꾸밈없는 필치로 그려져 있다.

이 작품은 발표 시기가 19세기 후반으로, 문체와 표기법 등에서 현대어와는 상당한 차이가 있는 고어에 가까운 문어체를 쓰고 있으므로, 여기서는 학습자를 고려하여 현대어로 옮겨 실었다.

独歩가 20대 초반에 기거하던 집

武蔵野

国木田独歩

武蔵野に散歩する人は、道に迷うことを苦にしてはならない。どの路でも足の向くほうへゆけばかならずそこに見るべく、聞くべく、感ずべき獲物がある。武蔵野の美はただその縦横に通ずる数千条の路を当もなく歩くことによって始めて獲られる。春、夏、秋、冬、朝、昼、夕、夜、月にも、雪にも、風にも、霧にも、霜にも、雨にも、時雨にも、ただ

□**武蔵野** 관동(関東) 평야의 남서부에 위치한 지역명 □**道に迷う** 길을 잃다 □**苦にする** 걱정하다 ■ **～べく** (동사 기본형에 붙어) ~(하)기 위해 ■ **～べき** (동사 기본형에 붙어) ~해야 될, ~하는 것이 적절한 〈단 ～するは ～すべき 형태도 사용함〉 □**獲物** (고기잡이나 수렵에서) 잡은 것, 수확, 전리품 □**縦横に** 종횡으로, 마음대로, 자유자재로 □**条** 시가의 구획, 동서로 통한 시가로, 가(街) □**当てもなく** 목표도 없이, 정처 없이 ■ **～て始めて** ~하고 비로소, ~하고 처음으로 〈生まれて始めての経験 태어나서 첫 경험〉 □**獲る** 얻다, 획득하다 □**霧** 안개 □**霜** 서리 □**時雨** 초겨울에 내리는 소나기

この路をぶらぶら歩いて思いつきしだいに右し左すれば随処に吾等を満足さするものがある。これが実にまた、武蔵野第一の特色だろうと自分はしみじみ感じている。武蔵野を除いて日本にこのような所がどこにあるか。北海道の原野には無論のこと、那須野にもない、そのほかどこにあるか。林と野とがかくもよく入り乱れて、生活と自然とがこのように密接している所がどこにあるか。実に武蔵野にかかる特殊の路のあるのはこのゆえである。

　されば君もし、一の小径をゆき、たちまち三条に分かるる所に出たなら困るに及ばない、君の杖を立ててその倒れたほうにゆきたまえ。あるいはその路が君を小さな林に導く。

□ 思いつく 생각이 떠오르다 ■ ～しだい(次第) (동사 ます형에 붙어) ~(하)는 대로, ~하는 즉시 〈着き次第電話するよ 도착하는 대로 전화할게〉 □ 右し左する 오른쪽으로 가고 왼쪽으로 가다 □ 随所 가는 곳마다, 도처 □ 満足さする 만족시키다 =満足させる □ 実に 실로, 참으로 □ しみじみ 절실히, 진실로, 마음속 깊이 느끼는 모양 □ 除く 제외하다 □ 原野 들, 벌판 □ 無論 물론 □ 那須野 토치기(栃木) 현 북부에 있는 지역 □ かくも 이렇게도, 이처럼 〈=このようにも, かくも盛大(せいだい)な歓迎会(かんげいかい)を開催していただぎどうもありがとうございました 이처럼 성대한 환영회를 열어주셔서 정말로 감사드립니다〉 □ 入り乱れる 뒤섞이다, 뒤범벅이 되다 □ かかる 이런, 이러한 〈=このような, かかる重大な時期に 이러한 중대한 시기에〉 □ ゆえ 까닭, 이유 □ されば 그러니까, 그런 까닭으로, 그러므로 =だから □ 小径 소로, 좁은 길, 샛길 =小路 □ たちまち 금세, 갑자기 □ 三条 세 갈래 길 □ 分かるる 나뉘다 〈=分かれる, るるは 문어에서 る의 연체형임〉 ■ ～に及ばない ~할 필요는 없다, ~할 것까지는 없다 〈恥じるに及ばない 부끄러워 할 필요는 없다〉 □ 杖 지팡이 ■ ～たまえ (동사 ます형에 붙어) ~하게 〈주로 남자들이 동년배나 손아랫사람에게 씀, 聞きたまえ 듣게나〉 □ 導く 인도하다, 이끌다

林の中(なか)ごろに至(いた)ってまた二(ふた)つに分かれたら、その小(しょう)なる路を撰(えら)んでみたまえ。あるいはその路が君を妙(みょう)な所に導く。これは林の奥(おく)の古(ふる)い墓地(ぼち)で苔(こけ)むす墓(はか)が四(よっ)つ五(いつ)つ並(なら)んでその前(まえ)にすこしばかりの空(あ)き地(ち)があって、その横(よこ)のほうに女郎花(おみなえし)など咲(さ)いていることもあろう。頭の上の梢(こずえ)で小鳥(ことり)が鳴いていたら君の幸福(こうふく)である。すぐ引(ひ)きかえして左の路を進(すす)んでみたまえ。たちまち林が尽(つ)きて君の前に見(み)わたしの広(ひろ)い野(の)が開(ひら)ける。足元(あしもと)からすこしだらだら下(さ)がりになり萱(かや)が一面(いちめん)に生(は)え、尾花(おばな)の末(すえ)が日(ひ)に光(ひか)っている、萱原(かやはら)の先(さき)が畑(はたけ)で、畑の先に背(せ)の低(ひく)い林が一叢繁(ひとむらしげ)り、その林の上に遠(とお)い杉(すぎ)の小杜(こもり)が見え、地平線(ちへいせん)の上に淡々(あわあわ)しい雲(くも)が集(あつ)まっていて雲の色(いろ)にまがいそうな連山(れんざん)がそ

□～に至る ~에 이르다, ~에 다다르다 □小なる 작은 =小さな □選ぶ 고르다, 선택하다 □墓地 묘지 □苔むす (세월이 흘러) 이끼가 끼다 □墓 묘 □空き地 공터 □女郎花 마타리 〈일본 열도의 북쪽부터 타이완 · 중국 및 시베리아 동부에 걸쳐 자생하는 여러해살이풀〉 □梢 나뭇가지 끝 □引きかえす 되돌아가다, 되돌리다 〈出発点へ引きかえす 출발점으로 되돌아가다〉 □尽きる 다하다, 끝나다 〈林が尽きて広い道へ出る 숲이 끝나고 넓은 길로 나오다〉 □見わたし 전망 □足元 발밑 □だらだら下がりになる 축축 늘어지다 □萱 띠, 억새, 새 □一面に 온통, 일대에 〈一面に草がしげる 온통 풀이 우거지다〉 □尾花 참억새의 이삭꽃 □末 끝 □一叢 초목이 한 곳에 모여서 무성함, 물건이 한 곳에 모여 있는 일, 한 무더기 □繁る (초목 따위가) 무성하다 □杉 삼나무 □小杜 작은 숲 =小森 □淡々しい 엷다, 희미하다 □まがう 서로 뒤섞이다, 뒤섞여 구별을 못하다, 혼동하다 □連山 연이어 늘어선 산

の間にすこしずつ見える。十月小春の日の光のどかに照り、小気味よい風がそよそよと吹く。もし萱原のほうへ下りてゆくと、今まで見えた広い景色がことごとく隠れてしまって、小さな谷の底に出るだろう。思いがけなく細長い池が萱原と林との間に隠れていたのを発見する。水は清く澄んで、大空を横ぎる白雲の断片を鮮やかに映している。水のほとりには枯れ蘆がすこしばかり生えている。この池のほとりの径をしばらくゆくとまた二つに分かれる。右にゆけば林、左にゆけば坂。君はかならず坂をのぼるだろう。とかく武蔵野を散歩するのは高い所高い所と撰びたくなるのはなんとかして広い眺望を求むるからで、それでその望みは容易に達せられない。見下ろすような眺望はけっしてできない。それは初めからあきらめたがいい。

□小春 음력 10월, 봄처럼 따뜻한 날씨가 계속됨 □のどか (날씨가) 화창함, 한가로움 □照る 비치다, 밝게 빛나다 □小気味よい 속시원하다, 후련하다, 통쾌하다 〈여기서는 '기분 좋다'의 뜻으로 쓰였음〉 □そよそよ 산들산들, 살랑살랑 〈春風がそよそよ吹く 봄바람이 산들산들 불다〉 □隠れる 숨다 □谷の底 골짜기 밑 □思いがけない 의외이다, 뜻밖이다 □池 연못 □清い 맑다, 깨끗하다 □横ぎる 가로지르다, 횡단하다 □白雲 흰 구름 □断片 단편, 자른 나머지 조각, 여러 개로 조각난 한 개 □鮮やか 산뜻함, 또렷함, 선명함 □映す 비추다, 상영하다 □ほとり 근처, 부근 〈川のほとり 강가, 냇가〉 □枯れ蘆 마른 갈대 =枯れた蘆 □坂 언덕 □とかく 이럭저럭, 아무튼, 어쨌든 □眺望 조망 □求む 구하다, 청하다, 바라다 〈=求める, 求むる는 문어 求む의 연체형〉 □あきらめる 포기하다, 단념하다

もし君、何かの必要で道を尋ねたく思わば、畑の真ん中にいる農夫にききたまえ。農夫が四十以上の人であったら、大声をあげて尋ねてみたまえ、驚いてこちらを向き、大声で教えてくれるだろう。もし少女であったら近づいて小声できたまえ。もし若者であったら、帽を取って慇懃に問いたまえ。鷹揚に教えてくれるだろう。怒ってはならない、これが東京近在の若者の癖であるから。

教えられた道をゆくと、道がまた二つに分かれる。教えてくれたほうの道はあまりに小さくてすこし変だと思ってもそのとおりにゆきたまえ、突然農家の庭先に出るだろう。はたして変だと驚いてはいけぬ。その時農家で尋ねてみたまえ、門を出るとすぐ往来ですよと、すげなく答えるだろう。農家の門を外に出てみるとはたして見覚えある往来、なるほどこれが近路だなと君は思わず微笑をもらす、その時初めて教えてくれた道のありがたさが解るだろう。

□**思わば** 생각한다면 〈思う의 문어에서의 조건 표현(미연형+ば)임〉 □**大声をあげる** 큰소리를 내다 □**少女** 소녀, 처녀 =乙女 □**慇懃** 겸손함, 정중함, 예의바름 〈慇懃にあいさつする 정중하게 인사하다〉 □**問う** 묻다 □**鷹揚** 의젓함, 대범함하고 침착한 모양 〈鷹揚に構(かま)える 의젓하게 대하다〉 □**近在** 도회지 가까이에 있는 시골 □**癖** 버릇, 습관 □**庭先** 농가의 앞마당 □**はたして** 과연 ■**〜てはいけぬ** ~해서는 안 된다 =てはいけない □**すげない** 인정이 없다, 쌀쌀맞다 〈すげなく断わられる 박정하게 거절당하다〉 □**見覚え** 본 기억, 본 적 □**もらす** 새어나오게 하다, 누설하다 〈明かりをもらすな 불빛이 새어나오게 하지 마〉

真っ直な路で両側とも十分に黄葉した林が四五丁も続く所に出ることがある。この路を独り静かに歩むことのどんなに楽しかろう。右側の林の頂は夕照鮮やかにかがやいている。おりおり落ち葉の音が聞こえるばかり、あたりはしんとしていかにも淋しい。前にも後ろにも人影見えず、誰にも遇わず。もしそれが木の葉落ちつくした頃ならば、路は落ち葉に埋もれて、一足ごとにがさがさと音がする、林は奥まで見すかされ、梢の先は針のごとく細く蒼空を指している。なおさら人に遇わない。いよいよ淋しい。落ち葉をふむ自分の足音ばかり高く、時に一羽の山鳩あわただしく飛び去る羽音に驚かされるばかり。

□ 黄葉する 가을에 잎이 노란색으로 물들다, 단풍이 들다 □ 丁 거리의 단위 〈=町, 1丁는 약 109m임〉 □ 夕照 석양, 저녁놀 □ 歩む 걷다, 지나다 □ おりおり 때때로, 가끔 □ 落ち葉 낙엽 □ しんと 소리 없이 매우 조용한 모양, 잠잠히 □ 人影 사람의 자취, 인적 〈人影が絶えた 인적이 끊겼다〉 □ 遇う (우연히) 만나다 □ 木の葉 나뭇잎 □ 落ちつくす 다 떨어지다 〈つくす(동사 ます형에 붙어) 끝까지 ~하다, 다 ~해다〉 □ 埋もれる (파)묻히다 〈家が雪に埋もれた 집이 눈에 파묻혔다〉 □ がさがさ 말라서 매끄럽지 않은 모양, 까슬까슬, 버석버석 〈がさがさした手 까슬까슬한 손〉 □ 見すかす 꿰뚫어 보다, 들여다보다 □ 針 침, 바늘 ■ ～ごとく (동사 보통형, 명사の에 붙어) ~처럼, ~와 같이 〈雨は花びらのごとく降ってきた 비는 꽃잎처럼 내렸다〉 □ 蒼空 창공 □ なおさら 더욱, 한층 □ いよいよ 드디어, 마침내, 점점 □ 山鳩 산비둘기 □ 飛び去る 날아가 버리다, 재빨리 물러서다 □ 羽音 날개 소리

同じ路を引きかえして帰るは愚である。迷ったところが今の武蔵野にすぎない、まさかに行き暮れて困ることもあるまい。帰りもやはりおよその方角をきめて、べつな路を当てもなく歩くが妙。そうすると思わず落日の美観をうることがある。日は富士の背に落ちんとして未だまったく落ちず、富士の中腹に群がる雲は黄金色に染まって、見るがうちにさまざまの形に変ずる。連山の頂は白銀の鎖のような雪がしだいに遠く北に走って、終は暗憺たる雲のうちに没してしまう。

□愚 어리석음 =愚(おろ)か □まさか 설마 □行き暮れる 목적지로 가는 도중에 해가 저물다 □およそ 대충, 대략, 대개 〈今からおよそ千年前 지금으로부터 대략 천 년 전〉 □方角を決める 방향을 정하다 □思わず 뜻하지 않게, 생각지도 않게 □落日 서산에 지는 해, 낙양(落陽), 석양 □うる(得る) 얻다 □富士の背 富士山의 산등성이 □～んとする ~하려고 하다, ~할 작정이다 =〈～ようとする, 涙が出んとした 눈물이 나오려고 했다〉 □未だ 아직 □中腹 산중턱 □群がる 떼지어 모이다, 군집하다 □染まる 물들다 □見るがうちに 보고 있는 동안에, 순식간에 □白銀 은 □鎖 사슬 □終 마지막, 최후 =最後 □暗澹たる 어둠침침한 〈暗澹たる空模様 어둠침침한 하늘〉 □没する 가라앉다, 침몰하다

日が落ちる、野は風が強く吹く、林は鳴る、武蔵野は暮れんとする、寒さが身に沁む、その時は路をいそぎたまえ、顧みて思わず新月が枯れ林の梢の横に寒い光を放っているのを見る。風が今にも梢から月を吹き落としそうである。突然また野に出る。君はその時、

山は暮れ野は黄昏の薄かな*

の名句を思いだすだろう。

□**暮れる** 저물다 □**身に沁む** 몸에 사무치다 ＝身に沁みる □**顧みる** 되돌아보다, 회고하다 □**新月** 초승달 □**光を放つ** 빛을 발하다 □**吹き落とす** 불어서 떨어뜨리다 □**黄昏** 황혼, 해질녘 □**薄** 참억새

* 에도(江戸) 중기의 俳句(はいく) 작가이며 화가였던 与謝蕪村(よさぶそん ; 1716~1783)이 지은 俳句. 俳句는 5 · 7 · 5의 음수율을 가진 일본 단시로 계절을 나타낼 수 있는 말(季語)을 넣는 것을 규칙으로 함.

작가 소개

坂口安吾(さかぐち あんご, 1906~1955)

新潟 현 출생의 소설가로 본명은 炳五이다. 유치원 때부터 골목대장으로 자랐으며, 1926년 구도(求道)에의 동경으로 東洋 대학 인도철학과에 입학하지만 가혹한 수행 끝에 깨달음을 포기한다. 1931년 6월 잡지 『青い馬』에 발표한 「風博士」가 절찬을 받아 문단에 데뷔한다. 그 후 「紫大納言」(1939년) 등을 발표하나 그다지 주목을 끌지 못하다가 1946년 戦後의 본질을 날카롭게 통찰한 「堕落論」과 「白痴」로 일약 인기작가가 되는 동시에 무뢰파(無頼派) 작가의 한 사람이 되어, 많은 작가에게 영향을 끼쳤다. 安吾는 전후 세태를 반영한 순수소설 이외에도 역사소설, 추리소설, 수필 등 다채로운 집필활동을 전개했다.

작품 소개

文学のふるさと

1941년 『現代文学(げんだいぶんがく)』에 발표된 평론으로, 安吾 연구에 자주 거론되는 글 중의 하나이다. 安吾는 이 글에서 응용한 여러 이야기를 통해, 비도덕적인 세계야말로 '문학의 고향'이며, 이러한 비도덕적인 세계는 개개인의 마음속에 있는 모순점이 없는 세계관이 흔들릴 때에 나타나기 시작한다고 쓰고 있다.

이 「ふるさと」라는 키워드는 安吾의 유연한 지성을 반증하는 「타락」과도 일맥상통한다.

坂口의 대표작 堕落論

文学のふるさと

坂口安吾(さかぐちあんご)

シャルル・ペロオの童話(どうわ)に「赤頭巾(あかずきん)」という名高(なだか)い話(はなし)があります。既(すで)に御存(ごぞん)じとは思いますが、荒筋(あらすじ)を申(もう)し上(あ)げますと、赤(あか)い頭巾(ずきん)をかぶっているので赤頭巾と呼(よ)ばれていた可(か)愛(わい)い少女(しょうじょ)が、いつものように森(もり)のお婆(ばあ)さんを訪(たず)ねて行(い)くと、狼(おおかみ)がお婆さんに化(ば)けていて、赤頭巾をムシャムシャ食(た)べてしまった、という話であります。まったく、ただ、それだけの話であります。

□ふるさと 고향 □シャルル・ペロオ(Charles Perrault, 1628~1703) 샤를 페로; 프랑스의 시인, 동화작가 □赤頭巾 〈동화〉 빨간 망토 □名高い 유명하다, 고명하다 □既に 이미, 벌써 □御存じ 알고계심 〈御存じの通り 아시는 바와 같이〉 □荒筋 대충의 줄거리, 개요 □訪ねる 방문하다 □狼 늑대 □化ける 둔갑하다, 가장하다 〈狐が女に化ける 여우가 여자로 둔갑하다〉 □ムシャムシャ 입을 크게 벌려 체면 없이 먹는 모양, 게걸스럽게, 우적우적

童話というものには大概教訓(たいがいきょうくん)、モラル、というものがあるものですが、この童話には、それが全(まった)く欠(か)けております。それで、その意味(いみ)から、アモラルであるということで、仏蘭西(フランス)では甚(はなは)だ有名(ゆうめい)な童話であり、そういう引例(いんれい)の場合(ばあい)に、しばしば引(ひ)き合(あ)いに出(だ)されるので知(し)られております。

童話のみではありません。小説全体(しょうせつぜんたい)として見(み)ても、いったい、モラルのない小説というのがあるでしょうか。小説家(しょうせつか)の立場(たちば)としても、なにか、モラル、そういうものの意図(いと)がなくて、小説を書きつづける——そういうことがあり得(え)ようとは、ちょっと、想像(そうぞう)ができません。

ところが、ここに、凡(およ)そモラルというものがあって始めて成立(なりた)つような童話の中(なか)に、全然(ぜんぜん)モラルのない作品(さくひん)が存在(そんざい)する。しかも三百年(さんびゃくねん)もひきつづいてその生命(せいめい)を持ち、多(おお)くの子供(こども)や多くの大人(おとな)の心の中に生(い)きている——これは厳(げん)たる事実(じじつ)であります。

□**大概** 대강, 대략 □**モラル**(moral) 도덕, 윤리 ■**～ものだ** (동사·い형용사의 기본형, な형용사な에 붙어 당연함을 나타냄) ~하는 법이다 〈水は高い所から低い所に流れるものだ 물은 높은 곳에서 낮은 곳으로 흐르는 법이다〉 □**欠ける** 부족하다, 빠지다 □**アモラル** (amoral) 비도덕적 □**甚だ** 매우, 심히, 대단히 □**引例** 증거로서 들어 쓰는 것, 또 그 예 □**引き合い** 예증(例證) □**～のみ** ~뿐, ~만 〈彼はベジタリアンで野菜のみ食べます 그는 채식주의자라 야채만 먹습니다〉 □**あり得る** 있을 수 있다 □**凡そ** 대개, 일반적으로 □**成立つ** 성립하다, 이루어지다 □**ひきつづく** 계속되다, 잇따르다 □**厳たる** 엄연한

シャルル・ペロオといえば「サンドリヨン」とか「青髯(あおひげ)」とか「眠(ねむ)りの森(もり)の少女」というような名高(なだか)い童話を残(のこ)していますが、私はまったくそれらの代表作(だいひょうさく)と同様(どうよう)に、「赤頭巾」を愛読(あいどく)しました。

否(いや)、むしろ、「サンドリヨン」とか「青髯」を童話の世界(せかい)で愛(あい)したとすれば、私はなにか大人の寒々(さむざむ)とした心で「赤頭巾」のむごたらしい美しさを感じ、それに打(う)たれたようでした。

愛(あい)くるしくて、心が優(やさ)しくて、すべて美徳(びとく)ばかりで悪(わる)さというものが何(なに)もない可憐(かれん)な少女が、森のお婆さんの病気(びょうき)を見舞(みま)いに行(い)って、お婆さんに化けている狼にムシャムシャ食べられてしまう。

□サンドリヨン(Cendrillon) 〈동화〉 신데렐라 □青髭 〈동화〉 푸른 수염 □眠りの森の少女 〈동화〉 잠자는 숲속의 공주 〈일반적으로는 眠れる森の美女로 알려져 있음〉 □同様 마찬가지임 □否 아니 〈事実か否か 사실인지 아닌지〉 □ 寒々(と) 몹시 춥게 느끼는 모양, 운치가 없고 살풍경한 모양 〈寒々とした家 휑하고 살풍경한 집〉 □むごたらしい 불쌍하다, 잔혹하다, 처참하다 〈焼(や)け跡(あと)のむごたらしい死体(したい) 화재터의 참혹한 시체〉 □打つ 감동시키다, 치다 〈心を打つ 마음을 감동시키다, 心を打たれる 감동받다〉 □愛くるしい 아주 귀엽다, 매우 사랑스럽다 □美徳 미덕 □可憐 가련 □見舞い 병문안

私達はいきなりそこで突き放されて、何か約束が違ったような感じで戸惑いしながら、然し、思わず目を打たれて、プツンとちょん切られた空しい余白に、非常に静かな、しかも透明な、ひとつの切ない「ふるさと」を見ないでしょうか。

その余白の中にくりひろげられ、私の耳に沁みる風景は、可憐な少女がただ狼にムシャムシャ食べられているという残酷ないやらしいような風景ですが、然し、それが私の心を打つ打ち方は、若干やりきれなくて切ないものではあるにしても、決して、不潔とか、不透明というものではありません。何か、氷を抱きしめたような、切ない悲しさ、美しさ、であります。

もう一つ、違った例を引きましょう。

□突き放す 떼밀어 버리다, 뿌리치다, 관계를 끊다 〈すがる子を突き放す 매달리는 아이를 뿌리치다〉 □戸惑い 당황함, 갈피를 잡지 못함 〈戸惑いを覚える 어리둥절해지다〉 □プツン(と) 실 등이 뚝 끊어지는 모양, 툭 〈木の枝をプツンと切る 나뭇가지를 싹둑 자르다〉 □ちょん切る 싹둑 자르다, 아무렇게나 자르다, 해고하다 □空しい 허무하다, 덧없다 □切ない 애달프다, 괴롭다, 안타깝다 □くりひろげる 차례로 펼치다, 전개하다 〈意外な場面がくりひろげられた 뜻밖의 장면이 벌어졌다〉 □沁みる 배다, 스며들다, 사무치다 □残酷 잔혹 □いやらしい (어울리지 않아) 불쾌한 느낌이 들다, 징그럽다, 부자연스럽고 망측하다 □若干 약간 □やりきれない 못 견디다, 참을 수 없다 〈悔しくてやりきれない 분해서 견딜 수 없다〉 □不潔 불결 □氷 얼음 □抱きしめる 꽉 껴안다, 부둥켜안다 □例を引く 예를 들다

これは「狂言」のひとつですが、大名が太郎冠者を供につれて寺詣でを致します。突然大名が寺の屋根の鬼瓦を見て泣きだしてしまうので、太郎冠者がその次第を訊ねますと、あの鬼瓦はいかにも自分の女房によく似ているので、見れば見るほど悲しい、と言って、ただ、泣くのです。

まったく、ただ、これだけの話なのです。四六版の本で五、六行しかなくて、「狂言」の中でも最も短いものの一つでしょう。

これは童話ではありません。いったい狂言というものは真面目な劇の中間にはさむ息ぬきの茶番のようなもので、観衆をワッと笑わせ気分を新たにさせればそれでいいような役割のものではありますが、この狂言を見てワッと笑ってすませ

□**狂言** 노가쿠(能楽)의 막간(幕間)에 보여 주는 우스꽝스러운 극(劇) □**大名** 가마쿠라(鎌倉) 시대 장군가(将軍家)의 가신(家臣)으로 영지(領地)가 많은 영주(領主)의 높임말, 에도(江戸) 시대 영지가 만 석 이상인 무가(武家)의 영주(領主), 헤이안(平安) 시대 많은 토지를 소유하고 있던 사람 □**太郎冠者** 쿄겐에서 다이묘 등의 하인으로 등장하는 인물 중 제1인자 □**供につれる** 데리고 가다 □**詣で** 참배 □**鬼瓦** 귀와, 귀신 얼굴 모양의 기와 □**次第** 이유, 사정 □**女房** 아내, 처, 마누라 □**四六版** 가로 127mm 세로 188mm의 책 크기 □**～行** ~행, ~줄 □**はさむ** 끼워넣다 □**息ぬき** 잠깐 쉼, 숨을 돌림 □**茶番** 몸짓이나 우스꽝스러운 말로 하는 촌극, 茶番狂言의 줄임말 □**新たにする** 새롭게 하다 □**役割** 역할 ■**～てすませる** ~(하)고 말다, ~로 그치다, ~로 끝내다 〈夕食はお弁当を買ってきてすませました 저녁은 도시락을 사 와서 마쳤습니다〉

るか、どうか。もっとも、こんな尻切れトンボのような狂言を実際舞台でやれるかどうかは知りませんが、決して無邪気に笑うことはできないでしょう。

この狂言にもモラル——或いはモラルに相応する笑いの意味の設定がありません。お寺詣でに来て鬼瓦を見て女房を思いだして泣きだす、という、なるほど確かに滑稽で、一応笑わざるを得ませんが*、同時に、いきなり、突き放されずにもいられません。

□もっとも 그렇다고는 하지만, 다만 □尻切れトンボ 완성되지 못하고 중도에서 중단된 일 □無邪気 순진(함), 천진난만(함) □相応 상응 □滑稽 우스움, 해학, 익살맞음 □一応 일단, 우선 ■～ずには(も)いられない ~하지 않고는(도) 못 배기다 〈悲しくて泣かずにはいられません 슬퍼서 울지 않고는 못 배기겠습니다〉

* ～ざるを得ない ~하지 않을 수 없다, ~해야 한다
〈1그룹 동사 ない형, 2그룹 동사 ます형에 붙음. 단, する→せざる, 来る→こざる가 됨〉
仕事が多くて今日も残業をせざるを得ない 일이 많아 오늘도 야근을 하지 않을 수 없다

私は笑いながら、どうしても可笑(おか)しくなるじゃないか、いったい、どうすればいいのだ……という気持(きもち)になり、鬼瓦を見て泣くというこの事実が、突き放されたあとの心の全(すべ)てのものを攫(さら)いとって、平凡(へいぼん)だの当然(とうぜん)だのというものを超躍(ちょうやく)した驚(おどろ)くべき厳(きび)しさで襲(おそ)いかかってくることに、いわば観念(かんねん)の眼(め)を閉(と)じるような気持になるのでした。逃(に)げるにも、逃げようがありません。それは、私達がそれに気付(きづ)いたときには、どうしても組(く)みしかれずにはいられない性質(せいしつ)のものであります。宿命(しゅくめい)などというものよりも、もっと重(おも)たい感じのする、のっぴきならぬものであります。これもまた、やっぱり我々(われわれ)の「ふるさと」でしょうか。

そこで私はこう思わずにはいられぬのです。つまり、モラルがない、とか、突き放す、ということ、それは文学(ぶんがく)として成立たないように思われるけれども、我々の生きる道には

□可笑しい 우습다, 우스꽝스럽다, 이상하다 □攫いとる 채다, 날치기하다 □平凡 평범 ■~だの~だの (활용어의 종지형, 명사에 붙어 사물을 열거하는 데 씀) ~라든가, ~라거나 〈山だの海だの出かける 산이라든가 바다에 가다〉 □超躍 초월 □襲いかかる 덤벼들다, 덮치다 □いわば 말하자면, 이를테면 □眼を閉じる 눈을 감다 □気付く 깨닫다, 눈치채다 □組みしく 싸움 상대를 밑에 깔고 누르다, 깔고 앉다 〈泥棒をつかまえて組みしく 도둑을 붙잡아 깔아 눕히다〉 □のっぴきならぬ 물러설 수 없는, 어떻게 할 수 없는 〈のっぴきならぬ立場におかれる 피하려고 해도 피할 수 없는 입장에 놓이다〉

どうしてもそのようでなければならぬ崖(がけ)があって、そこでは、モラルがない、ということ自体(じたい)が、モラルなのだ、と。

晩年(ばんねん)の芥川龍之介(あくたがわりゅうのすけ)の話ですが、時々(ときどき)芥川の家(いえ)へやってくる農民作家(のうみんさっか)——この人は自身(じしん)が本当(ほんとう)の水呑百姓(みずのみびゃくしょう)の生活(せいかつ)をしている人なのですが、あるとき原稿(げんこう)を持(も)ってきました。芥川が読(よ)んでみると、ある百姓が子供をもうけましたが、貧乏(びんぼう)で、もし育(そだ)てれば、親子共倒(おやこともだお)れの状態(じょうたい)になるばかりなので、むしろ育たないことが皆のためにも自分のためにも幸福(こうふく)であろうという考えで、生(うま)れた子供を殺(ころ)して、石油缶(せきゆかん)だかに入れて埋(う)めてしまうという話が書いてありました。

□晩年 만년, 늘그막 □芥川龍之介(1892~1927) 소설가, 대표작으로 羅生門(らしょうもん) · 鼻 등이 있음 □水呑百姓 소작농, 매우 가난한 농민 □子供をもうける 자식을 얻다 □貧乏 가난 □育てる 기르다, 양육하다 □共倒れ 함께 쓰러짐, 함께 망함 □殺す 죽이다 □石油缶だか 석유통 같은 것 □埋める 묻다, 매장하다

芥川は話があまり暗くて、やりきれない気持になったのですが、彼の現実の生活からは割りだしてみようのない話ですし、いったい、こんな事が本当にあるのかね、と訊ねたのです。

すると、農民作家は、ぶっきらぼうに、それは俺がしたのだがね、と言い、芥川があまりの事にぼんやりしていると、あんたは、悪いことだと思うかね、と重ねてぶっきらぼうに質問しました。

芥川はその質問に返事することができませんでした。何事にまれ言葉が用意されているような多才な彼が、返事ができなかったということ、それは晩年の彼が始めて誠実な生き方と文学との歩調を合わせたことを物語るように思われます。

さて、農民作家はこの動かしがたい「事実」を残して、芥川の書斎から立ち去ったのですが、この客が立ち去ると、彼は突然突き放されたような気がしました。たった一人、置き残されてしまったような気がしたのです。彼はふと、二階へ

□割りだす 이미 판명된 것을 근거로 하여 생각해 내다, 이론적으로 이끌어내다 〈答えを割りだす 답을 논리적으로 이끌어내다〉 □ぶっきらぼうに 무뚝뚝하게 □ぼんやり 멍하니, 멀거니 〈ぼんやりと考え込む 멍하니 생각에 잠기다〉 □重ねる 거듭하다, 되풀이하다 □何事にまれ 어떤 일에든, 어떤 일에나 □多才 다재, 재능이 많음 □歩調を合わせる 보조를 맞추다 □物語る 이야기를 하다 ■～がたい (동사 ます형에 붙어서) ~하기 어렵다, (좀처럼) ~할 수 없다 〈どうしても信じがたい話ですね 아무리 해도 믿기 어려운 이야기네요〉 □書斎 서재 □立ち去る 떠나가다, 물러나다 〈故郷を立ち去る 고향을 떠나다〉 □置き残す 놓아 두다 □ふと 우연히, 문득

上(あが)り、なぜともなく門(もん)の方(ほう)を見たそうですが、もう、農民作家の姿(すがた)は見えなくて、初夏(しょか)の青葉(あおば)がギラギラしていたばかりだという話であります。

この手記(しゅき)ともつかぬ原稿は芥川の死後(しご)に発見(はっけん)されたものです。

ここに、芥川が突き放されたものは、やっぱり、モラルを超(こ)えたものであります。子を殺す話がモラルを超えているという意味ではありません。その話には全然重点(じゅうてん)を置く必要(ひつよう)がないのです。女(おんな)の話でも、童話でも、なにを持って来ても構(かま)わぬでしょう。とにかく一つの話があって、芥川の想像もできないような、事実でもあり、大地(だいち)に根(ね)の下(お)りた生活でもあった。芥川はその根の下りた生活に、突き放されたのでしょう。いわば、彼自身(かれじしん)の生活が、根が下りていないためであったかも知れません。けれども、彼の生活に根が下りていないにしても、根の下りた生活に突き放されたという事実自体(じたい)は立派(りっぱ)に根の下りた生活であります。

□なぜともなく 이유도 없이 □ギラギラ(と) 번쩍이는 모양, 번쩍번쩍 〈夏の太陽がギラギラと輝(かがや)く 여름의 태양이 번쩍번쩍 빛나다〉 □～ともつかぬ ~라고 할 수도 없는 〈=～とも言えない, ベッドともつかぬものが私の部屋に置いてあった 침대라고도 할 수 없는 것이 내 방에 놓여져 있었다〉 □超える 넘다, 초과하다 □構わぬ 상관없다 =構わない □根が下りる 뿌리가 내리다 〈根を下ろす 뿌리를 내리다〉

つまり、農民作家が突き放したのではなく、突き放されたという事柄(ことがら)のうちに芥川のすぐれた生活があったのであります。

もし、作家というものが、芥川の場合のように突き放される生活を知らなければ、「赤頭巾」だの、さっきの狂言のようなものを創(つく)りだすことはないでしょう。

モラルがないこと、突き放すこと、私はこれを文学の否定的(ひていてき)な態度(たいど)だとは思いません。むしろ、文学の建設的(けんせつてき)なもの、モラルとか社会性(しゃかいせい)というようなものは、この「ふるさと」の上に立たなければならないものだと思うものです。

もう一つ、もうすこし分(わか)り易(やす)い例(れい)として『伊勢物語(いせものがたり)』の一つの話を引(ひ)きましょう。

昔(むかし)、ある男が女に懸想(けそう)してしきりに口説(くど)いてみるのですが、女がうんと言いません。ようやく三年目(さんねんめ)に、それでは一緒(いっしょ)に

□**事柄** 일, 사항, 사정 □**すぐれる** 뛰어나다, 훌륭하다 □**創りだす** 만들어 내다, 창조해 내다 □**伊勢物語** 平安(へいあん) 시대에 만들어진 작자미상의 歌物語(うたものがたり;특정 노래를 중심으로 이야기를 전개해 나감) □**懸想する** 이성을 그리워 함, 사모함, 연민함 □**しきりに** 종종, 몇 번이나, 끊임없이 계속하여, 열심히 〈雨がしきりに降る 비가 끊임없이 온다, しきりにほしがる 열렬히 바라다〉 □**口説く** 되풀이하여 귀찮게 말하다, 설복시키다, 여자를 꼬이다 □**うんと言わない** 승낙하지 않는다

なってもいいと女が言うようになったので、男は飛(と)びたつばかりに喜(よろこ)び、さっそく、駈(か)け落(お)ちすることになって二人は都(みやこ)を逃(に)げだしたのです。芥(あくた)の渡(わた)しという所(ところ)をすぎて野原(のはら)へかかった頃(ころ)には夜も更(ふ)け、そのうえ雷(かみなり)が鳴(な)り雨(あめ)が降(ふ)りだしました。男は女の手(て)をひいて野原を一散(いっさん)に駈(か)けだしたのですが、稲妻(いなずま)にてらされた草(くさ)の葉(は)の露(つゆ)をみて、女は手をひかれて走(はし)りながら、あれはなに？ と尋(たず)ねました。然(しか)し、男はあせっていて、返事をするひまもありません。ようやく一軒(いっけん)の荒(あ)れ果(は)てた家(いえ)を見つけたので、飛びこんで、女を押入(おしい)れの中へ入れ、鬼(おに)が来たら一刺(ひとさ)しにしてくれようと槍(やり)をもって押入れの前(まえ)にがんばっていたのですが、それにもかかわらず鬼が来て、

□一緒になる 결혼하다 □飛びたつ 날아오르다 ■~ばかりに (동사 보통형에 붙어) (아직은 하지 않았지만) 곧 ~할 듯이 〈飛び立つばかりに喜ぶ 뛸듯이 기뻐하다〉 □さっそく 즉시, 당장, 곧 □駈け落ちする 애인끼리 남 몰래 다른 곳으로 달아나다 □都 수도, 도성 □かかる 접어들다, ~에 이르다 □更ける (밤, 계절 따위가) 깊어지다, 이슥해지다 〈夜が更ける 밤이 깊어지다〉 □雷 천둥 □一散 뿔뿔이 달아남, 한 눈 팔지 않고 곧장 =一目散(いちもくさん) □稲妻 번개 □てらす 빛을 비추다, 비추어 밝히다 □あせる 안달하다, 초조하게 굴다 □荒れ果てる 완전히 황폐해지다 □見つける 발견하다, 눈에 익다 □飛びこむ 뛰어들다 □押入れ (일본식) 벽장, 붙박이장 □一刺しにする 단 번에 찌르다 □くれる 고어에서 '남에게 주다'의 뜻으로도 쓰였는데, 그 영향이 남아서 일본 사극에서 자주 쓰이며, 현대어에서도 가끔 쓰임 □槍 창 □それにもかかわらず 그럼에도 불구하고

押入れの中の女を食(た)べてしまったのです。生憎(あいにく)そのとき、荒々(あらあら)しい雷が鳴りひびいたので、女の悲鳴(ひめい)もきこえなかったのでした。夜が明(あ)けて、男は始めて女がすでに鬼に殺されてしまったことに気付いたのです。そこで、ぬばたまのなにかと人の問(と)いしとき露と答(こた)えてけなましものを——つまり、草の葉の露を見てあれはなにと女がきいたとき、露だと答えて、一緒に消(き)えてしまえばよかった——という歌(うた)をよんで、泣いたという話です。

この物語には男が断腸(だんちょう)の歌をよんで泣いたという感情(かんじょう)の附加(ふか)があって、読者(どくしゃ)は突き放された思いをせずに済(す)むのですが、然し、これも、モラルを超えたところにある話のひとつでありましょう。

この物語では、三年も口説いてやっと思いがかなったと

□生憎 공교롭게도 □荒々しい 거칠다, 매우 난폭하다 □鳴りひびく (사방에) 울리다, 울려퍼지다 □ぬばたまの 枕詞(まくらことば ; 와카(和歌) 등에서 특정 어구를 수식하거나 어조를 고르는 역할을 하는 어구)로 일반적으로는 夜, 黒 등에 걸린다 □なにかと 이것저것, 여러 가지로 □問いしとき 물었을 때 =聞いたとき □~け 사라지다 〈消ゆ(消える)의 미연형인 消え의 변형〉 □~な 자기의 의지나 희망을 나타냄 =~しよう □~まし 가령 ~했다면 ~했을 텐데 〈急がずは濡れざらましを 서두르지 않았더라면 비에 젖지 않았을 텐데〉 □断腸 단장, 창자가 끊어지는 듯한 괴로움이나 슬픔 〈断腸の思い 단장의 슬픈 느낌〉 □附加 부가 ■~ずに済む (동사 ない형에 붙어, 단 する→せず, 来る→こずが 됨) ~하지 않고 그치다, ~하지 않아도 되다 〈痛みが治(おさ)まり、病院に行かずに済んでよかった 통증이 가라앉아 병원에 가지 않아도 될 정도로 그쳐 다행이다〉 □やっと 겨우, 간신히 □かなう 희망대로 되다, 이루어지다 〈願いがかなう 소원이 이루어지다〉

ころでまんまと鬼にさらわれてしまうという対照(たいしょう)の巧妙(こうみょう)さや、暗夜(あんや)の曠野(こうや)を手をひいて走りながら、草の葉の露をみて女があれは何ときくけれども男は一途(いちず)に走ろうとして返事すらできない――この美しい情景(じょうけい)を持ってきて、男の悲嘆(ひたん)と結(むす)び合(あ)わせる綾(あや)とし、この物語を宝石(ほうせき)の美しさにまで仕上(しあ)げています。

□まんまと (うまうまとの 음편으로) 쉽사리, 감쪽같이 〈まんまとだまされた 감쪽같이 속았다〉 □さらう 날치기하다, 유괴하다, 휩쓸다 □対照 대조 □巧妙 교묘 □暗夜 어두운 밤 □曠野 광야 □一途 외곬, 순결하고 한결같은 모양 〈一途に思い込む 외곬으로 생각하다〉 ■～すら ~조차 〈さえ는 긍정 · 부정문 모두 쓰이나 すら는 부정문에만 쓰임, 返事すらできない 대답조차 못하다〉 □悲嘆 비탄 □結び合わせる 결합시키다 □綾 잘 수식된 글이나 말의 표현, 말하는 모양 〈ことばの綾 말의 표현법〉 □宝石 보석 □仕上げる 완성하다, 끝내다

つまり、女を思う男の情熱(じょうねつ)が激(はげ)しければ激しいほど、女が鬼に食(く)われるというむごたらしさが生きるのだし、男と女の駈け落ちのさまが美しくせまるものであればあるほど、同様に、むごたらしさが生きるのであります。女が毒婦(どくふ)であったり、男の情熱がいい加減(かげん)なものであれば、このむごたらしさはあり得ません。又(また)、草の葉の露をさしてあれは何と女がきくけれども男は返事のひますらもないという一挿話(いっそうわ)がなければ、この物語の値打(ねうち)の大半(たいはん)は消えるものと思われます。

つまり、ただモラルがない、ただ突き放す、ということだけで簡単(かんたん)にこの凄然(せいぜん)たる静かな美しさが生れるものではないでしょう。ただモラルがない、突き放すというだけならば、我々は鬼や悪玉(あくだま)をのさばらせて、いくつの物語でも簡単に書くことができます。そういうものではありません。

□さま 상태, 모양, 모습 〈さまを変える 모습을 바꾸다〉 □せまる 가까워지다, 다가오다 〈夕闇(ゆうやみ)がせまる 땅거미가 찾아들다〉 □毒婦 독부, 악독한 여자 □いい加減 적당히 해 둠, 미적지근함, 철저하지 못함 〈いい加減に仕事をする 미적지근하게 일을 하다〉 □さす 가리키다 □挿話 삽화, 에피소드 □値打ち 가치, 값어치 〈一読の値打ちのある本 일독의 가치가 있는 책〉 □大半 태반, 반 이상, 거의 대부분 □凄然たる 처연한, 쓸쓸하고 구슬픈 □悪玉 악인 〈에도시대 통속소설의 그림 등에서 선인의 얼굴을 ◯ 속에 善자를 써서 나타내는 데서 비롯됨 ↔ 善玉(ぜんだま)〉 □のさばる 마음대로 행동하다, 제 멋대로 날뛰다

この三つの物語が私達に伝えてくれる宝石の冷めたさのようなものは、なにか、絶対の孤独——生存それ自体が孕んでいる絶対の孤独、そのようなものではないでしょうか。

この三つの物語には、どうにも、救いようがなく、慰めようがありません。鬼瓦を見て泣いている大名に、あなたの奥さんばかりじゃないのだからと言って慰めても石を空中に浮かそうとしているように空しい努力にすぎないでしょうし、又、皆さんの奥さんが美人であるにしても、そのためにこの狂言が理解できないという性質のものでもありません。

□孤独 고독 □孕む 임신하다, 잉태하다, 포함하다 〈危険を孕む 위험을 내포하다〉 □どうにも~ない 어떻게 해 보아도(아무리 해도) 안 되다(못하다) 〈人間の力ではどうにもならない 인간의 힘으로는 어찌할 도리가 없다〉 □救う 구하다 □浮かす 뜨게 하다, 띄우다

それならば、生存の孤独とか、我々のふるさとというものは、このようにむごたらしく、救いのないものでありましょうか。私は、いかにも、そのように、むごたらしく、救いのないものだと思います。この暗黒(あんこく)の孤独には、どうしても救いがない。我々の現身(うつしみ)は、道に迷(まよ)えば、救いの家を予期(よき)して歩くことができる。けれども、この孤独は、いつも曠野(こうや)を迷うだけで、救いの家を予期すらもできない。そうして、最後(さいご)に、むごたらしいこと、救いがないということ、それだけが、唯一(ゆいいつ)の救いなのであります。モラルがないということ自体がモラルであると同(おな)じように、救いがないということ自体が救いであります。

□**暗黒** 암흑 □**救い** 구원, 구제 〈救いのない世の中 암울한 세상〉 □**現身** 이승 사람, 이승 ＝うつせみ, うつそみ □**予期** 예기, 미리 기대하고 각오함 □**唯一** 유일

私は文学のふるさと、あるいは人間のふるさとを、ここに見ます。文学はここから始まる——私は、そうも思います。

アモラルな、この突き放した物語だけが文学だというのではありません。否(いや)、私はむしろ、このような物語を、それほど高く評価(ひょうか)しません。なぜなら、ふるさとは我々のゆりかごではあるけれども、大人の仕事は、決してふるさとへ帰ることではないから。……

だが、このふるさとの意識(いしき)・自覚(じかく)のないところに文学があろうとは思われない。文学のモラルも、その社会性も、このふるさとの上に生育(せいいく)したものでなければ、私は決して信用(しんよう)しない。そして、文学の批評(ひひょう)も。私はそのように信(しん)じています。

□**ゆりかご** 요람〈=ようらん, ゆりかごから墓場(はかば)まで 요람에서 무덤까지〉 □**自覚** 자각 □**生育** 생육, 낳아서 키움 □**批評** 비평

본문 해석

본문과 대조하면서 확인해 보시기 바랍니다.

竹 대나무

p.12

반짝이는 지면에 대나무가 돋아나네
청죽이 돋아나네
땅속에는 대나무 뿌리가 자라네
뿌리가 점점 가늘어져
뿌리 끝에서 섬모가 돋아나오네
희미하게 연기처럼 섬모가 피어오르네

어렴풋이 흔들리네

p.13

단단한 지면에 대나무가 돋아나네
땅 위로 날카롭게 대나무가 돋아나네
곧게 대나무가 자라네
얼어붙은 마디마디 늠름하게
푸른 하늘 아래 대나무가 자라네
대나무, 대나무, 대나무가 자라네

蠅 파리

p.16

一

한여름의 숙소는 공허한 것이었다. 다만 눈이 커다란 파리 한 마리만이 어둑어둑한 마구간 구석에 있는 거미줄에 걸리자 뒷다리로 거미줄을 차면서 잠시 흔들흔들 매달려 있었다. 그러더니 콩알처럼 뚝하고 떨어졌다. 그런 뒤 말똥의 무게 때문에 비스듬하게 꽂혀 있는 지푸라기 끝에서 나체가 된 말의 등까지 기어올라갔다.

p.18

二

말은 마른 풀 한 가닥을 어금니에 문 채 등이 굽은 늙은 마부의 모습을 찾고 있다.

마부는 숙소 옆에 있는 찐빵가게 앞에서 장기를 세 번 두었는데 계속해서 졌다.

"뭐라고? 불평하지 마. 한 판 더 두자"

그러자 차양을 벗어난 햇빛은 그의 허리로부터 둥근 짐 같이 생긴 굽은 등 위로 타고 올라왔다.

p.19

三

숙소의 공허한 광장으로 농부 아낙네 한 사람이 달려왔다. 그녀는 오늘 아침 이른 시간에 읍내에서 일하고 있는 아들로부터 위독하다는 전보를 받았다. 그리고 나서 이슬에 젖은 30리의 산길을 계속해서 달려왔다.

"마차 출발하려면 아직 멀었어요?"

그녀는 마부의 방을 들여다보며 불렀지만 대답이 없다.

"마차는 아직 안 떠나나요?"

일그러진 다타미 위에는 찻잔이 하나 나뒹굴고 있고, 찻잔 안에서 술색의 싸구려차가 조용히 흘러나오고 있었다. 농부 아낙네는 우왕좌왕 광장을 돌더니 찐빵가게 옆에서 또 불렀다.

"마차 아직 안 떠나요?"

"조금 전에 출발했는데요."

대답한 것은 그 집의 아낙이었다.

p.20

"떠났다고요? 마차가 벌써 떠났다니! 언제 떠난거지? 좀 더 빨리 왔으면 좋았을 텐데, 이제 안 나가나요?"

농부 아낙네는 우는 소리로 성급하게 그렇게 말하다가 그만 울기 시작했다. 그러나 눈물도 닦지 않고 큰길 가운데 우뚝 서 있다가 읍내 쪽으로 바쁘게 걷기 시작했다.

"2번 마차가 나갈 거요."

굽은 등의 마부는 장기판을 응시한 채 농부 아낙네에게 말했다. 농부 아낙네는 걸음을 멈추더니 휙 돌아서서 그 엷은 눈썹을 추켜올렸다.

p.21 "나갈 건가요? 금방 나갈 건가요? 아들 녀석이 다 죽어 가는데 늦지 않게 가 줄 수 있나요?"

"마(馬)를 뒀다 이거지?"

"아이고 이제 됐네. 읍내까지 얼마나 걸릴까? 언제 출발해 줄 건가요?"

"2번 마차가 나가요."라고 말하며 마부는 탁하고 졸(卒)을 두었다.

"출발하나요? 읍내까지는 3시간쯤 걸리려나? 3시간은 족히 걸리겠지? 아들 녀석이 다 죽어 가는데 늦지 않게 가 줄 수 있나요?"

p.22

四

들 끝자락의 아지랑이 속에서 씨 자운영을 두드리는 소리가 들려온다. 젊은 남자와 여자는 숙소 쪽으로 서둘러 갔다. 여자는 젊은 남자가 어깨에 진 짐에 손을 얹었다.

"내가 들게."

"괜찮아."

"무겁잖아."

젊은 남자는 잠자코 아주 가벼운 척해 보였다. 하지만 이마에서 흐르는 땀은 짭짤했다.

"마차는 벌써 떠났을까?"하고 여자는 중얼거렸다.

젊은 남자는 짐 밑에서 눈을 가늘게 뜨고 해를 바라보며,

"좀 더워졌군. 아직 안 떠났겠지?"

두 사람은 입을 다물고 말았다. 소 울음소리가 들렸다.

"들키면 어쩌지?"하고 젊은 여자가 말하고는 울 것 같은 얼굴을 했다.

p.23 씨 자운영을 두드리는 소리만이 희미하게 발소리처럼 뒤쫓아온다. 여자는 뒤를 돌아보고는 젊은 남자의 어깨에 진 짐에 또 손을 올려놓았다.

"내가 들게. 벌써 어깨 다 나았어?"

젊은 남자는 역시 잠자코 뚜벅뚜벅 걷기 시작했다. 그러더니 갑자기 "들키면 또 도망 가면 돼."하고 중얼거렸다.

五

숙소 광장에 엄마 손을 잡은 남자 아이가 손가락을 입에 물고 들어왔다.

"엄마! 말! 말!"

"그래, 말이구나!" 남자아이는 엄마 손을 뿌리치고는 마구간 쪽으로 달려왔다. 그리

고 두 칸 정도 떨어진 광장 안에서 말을 보면서 "이놈! 이놈!"하고 소리치며 한 발로 땅을 굴렀다.

p.24 말은 목을 쳐들고 귀를 세웠다. 남자 아이는 말 흉내를 내며 목을 들었지만 귀가 움직이지 않았다. 그래서 그냥 멋대로 말 앞에서 얼굴을 찡그리더니 다시 "이놈! 이놈!" 하고 소리치며 발을 굴렀다.

말은 여물통의 손잡이에 입을 걸치면서 다시 그 안에 얼굴을 묻고 여물을 먹었다.

"엄마! 말! 말!"

"그래, 말! 말!"

六

"아, 참! 이거 아들 녀석 나막신 사는 걸 잊었군. 그 녀석은 수박을 좋아하지. 수박을 사면 나도 그 녀석도 좋아하니까 일거양득이야."

p.25 시골 신사는 숙소에 도착했다. 그는 마흔셋이 된다. 43년간 가난과 싸워온 보람이 있어, 어젯밤에 겨우 봄누에 중개상으로 8백 엔을 손에 넣었다. 지금 그의 가슴 속은 미래에 대한 계획으로 가득 차 있다. 하지만 어젯밤 대중목욕탕에 갔을 때 8백 엔의 돈다발을 가방에 넣어 샤워장에까지 가지고 들어가는 바람에 다른 사람들의 웃음거리가 된 사실에 대해서는 잊고 있었다.

농부 아낙네는 광장의 접의자에서 일어나더니 그의 옆으로 다가왔다.

"마차는 언제 출발하나요? 아들이 다 죽어가고 있어서 빨리 읍내로 가지 않으면 임종을 못 볼 것 같아서요."

"그건 안 되지요."

p.26 "이제 출발하겠죠? 곧 출발한다고 조금 전에 얘기했는데."

"글쎄요, 뭘 하고 있는지……."

젊은 남녀는 광장 안으로 들어왔다. 농부 아낙네는 또 두 사람 곁으로 다가왔다.

"마차를 타실 건가 보죠? 마차는 안 떠나요."

"안 떠난다고요?"라고 젊은 남자는 되물었다.

"안 떠나요?"하고 젊은 여자는 말했다.

"벌써 두 시간이나 기다리고 있습니다만 출발을 안 해요. 읍내까지 3시간 걸리겠죠? 지금 몇 시나 되었을까요? 읍내에 도착하면 정오가 될까요?"

"그럼요. 정오는 되죠."라고 시골신사는 옆에서 말했다. 농부 아낙네는 휙 하고 그 사람 쪽을 쳐다보며, "정오가 된다고요? 그때쯤이면

p.27 죽었겠지요? 정오가 된다고요?"라고 말하다가 다시 울기 시작했다. 하지만 곧 찐빵가게 앞으로 달려갔다.

"아직 안 떠나요? 마차는 아직 안 떠나는 건가요?"

새우등의 마부는 장기판을 베개 삼아 벌렁 누운 채 경그레를 씻고 있는 찐빵가게 주인 아주머니 쪽으로 머리를 돌렸다.

"찐빵 아직 다 안 익었소?"

p.28

七

마차는 언제가 돼야 출발하는 걸까? 숙소에 모인 사람들의 땀은 말랐다. 그러나 마차가 언제쯤 출발할지. 이것은 아무도 모른다. 다만 만약 그 사실을 알 수 있는 것이 있다고 한다면, 그것은 찐빵가게의 찜통 안에서 이제 겨우 부풀어오르기 시작한 찐빵이었다. 왜냐하면 이 숙소의 새우등 마부는 아직 그날 아무도 손을 대지 않은 갓 쪄낸 찐빵에 제일 처음 손을 대는 것이 — 그 만큼 결벽증이 있었기 때문에 오랜 세월 동안 독신으로 지내야만 했던 — 그에게 그날그날의 최고의 위로가 되고 있었기 때문이다.

p.29

八

숙소의 벽시계가 10시를 알렸다. 찐빵가게의 찜통은 김을 내면서 소리내기 시작했다.

'숭덩숭덩.' 새우등의 마부는 여물을 썰었다. 말은 새우등의 마부 옆에서 물을 충분히 마셔 두었다. '숭덩숭덩.'

九

말은 마차의 차체에 묶였다. 농부 아낙네는 제일 먼저 마차 안에 올라타고는 읍내 쪽을 계속해서 바라보았다.

"타세요!"하고 새우등의 마부는 말했다.

다섯 명의 승객은 기울어지는 발판에 주의하면서 농부 아낙네 옆으로 타기 시작했다.

p.30 새우등의 마부는 찐빵가게의 정그레 위에서 솜처럼 부풀어 있는 찐빵을 작업복 주머니 속에 집어넣고는 마부대 위에 등을 구부리고 올라앉았다. 나팔이 울렸다. 채찍소리가 났다.

눈이 큰 그 파리 한 마리는 말 허리의 삐져나온 살 냄새 속에서 날아올랐다. 그리고는 마차의 지붕 위에 다시 앉더니 조금 전 가까스로 거미줄로부터 그 생명을 건진 몸뚱이를 쉬게 하며 마차와 함께 흔들리며 갔다.

마차는 뜨거운 햇볕 아래를 내달렸다. 그리고 가로수 길을 빠져나와 길게 이어진 팥밭 옆을 지나서 아마밭과 뽕밭 사이를 흔들거리며 숲속으로 들어가자, 녹색 숲은 조금씩 고인 말 이마의 땀방울에 비쳐 거꾸로 일렁거렸다.

p.31

+

마차 안에서는 시골신사의 요설(饒舌)이 벌써 사람들을 5년 지기(知己)로 만들었다. 그러나 남자 아이는 마차의 기둥을 잡고 그 생기 넘치는 눈으로 들판을 계속해서 바라보았다.

"엄마, 배! 배!"

"그래, 배! 배!"

마부대에서는 채찍이 멈추었다. 농부 아낙네는 시골신사의 허리띠에 달린 쇠사슬을 바라보았다.

"지금 몇 시쯤 됐을까요? 12시는 넘었을까요? 읍내에 도착하면 정오가 좀 넘겠지요?"

p.32 마부대에서는 나팔이 울리지 않게 되었다. 작업복에 들어 있던 찐빵을 전부 뱃속에 집어넣은 마부는 새우등을 한층 더 구부려 졸기 시작했다. 그 졸음은 마차 위에서 눈이 큰 그 파리가 고요한 몇 마지기의 배밭을 바라보고, 한여름의 태양빛을 받아서 새빨갛게 빛나는 적토(赤土)의 절벽을 바라보고, 갑자기 나타난 격류를 내려다보고, 그리고 높은 낭떠러지 길이 울퉁불퉁하기 때문에 삐걱거리는 마차 소리를 듣고도 계속되었다. 그러나 승객 중에서 그 마부가 졸고 있다는 사실을 알고 있는 존재는 겨우 단지 파리 한 마리인 것 같았다. 파리는 마차 지붕 위에서 마부의 축 늘어진 반백의 머리로 날아와서는 젖은 말 등에 앉아 땀을 핥았다.

p.33 마차는 낭떠러지의 정상에 다다랐다. 말은 눈가리개 속으로 보이는 전방에 나타난 길을 따라 순순히 방향을 꺾기 시작했다. 그러나 그때 말은 자신의 몸과 마차의 폭을 생각할 수가 없었다. 마차 바퀴 한 개가 길에서 벗어났다. 갑자기 말은 마차에 이끌려 곤두박질쳤다. 순간 파리는 날아올랐다. 그러자 마차와 함께 제멋대로 낭떠러지 아래로 떨어져 가는 말의 배가 눈에 들어왔다. 그러고 나서 사람과 말의 비명소리가 한 번 높이 들리자 강변에서는 눌러 포개어진 사람과 말과 판자조각의 덩어리가 침묵한 채 움직이지 않았다. 그러나 눈이 큰 파리는 이제 완전히 휴식을 취한 그 날개에 힘을 넣어 오로지 혼자 유유히 창공 속으로 날아갔다.

檸檬 레몬

p.36 정체를 알 수 없는 불길한 덩어리가 내 마음을 시종 짓누르고 있었다. 초조함이라고 할까, 혐오라고 할까? — 술을 마신 뒤에 숙취가 있듯이, 매일 술을 마시면 숙취에 상당하는 시기가 찾아온다. 그것이 온 것이다. 이것은 좀 잘못되었다. 결과적으로 결핵성 염증과 신경쇠약에 걸린 것이 잘못된 것은 아니다. 또 등골을 빼는 빚 같은 것이 잘못된 것은 아니다. 잘못된 것은 그 불길한 덩어리이다.

p.37 예전에 나를 기쁘게 했던 어떤 아름다운 음악도 어떤 아름다운 시 한 구절도 견디기 힘든 것이 되었다. 축음기를 듣기 위해서 일부러 외출해도 처음 두세 소절에서 갑자기 일어나 버리고 싶어진다. 무엇인가가 나를 더 이상 견딜 수 없게 하는 것이다. 그래서 시종 나는 이 거리에서 저 거리로 계속 방황하고 있었다.

p.38 왠지 그 무렵 나는 초라하면서도 아름다운 것에 강하게 끌렸던 기억이 있다. 풍경도 다 쓰러져가는 마을이라든가, 그 마을에서도 낯선 큰길보다도 어딘가 친근감이 있는 더러운 빨래가 널려 있기도 하고 잡동사니가 나뒹굴고 있기도 하고 누추한 방이 들여다보이기도 하는 뒷길을 좋아했다. 비바람에 풍화되어 마침내 흙으로 돌아가 버린 듯한 정취 있는 거리로, 토담이 무너져 있기도 하고 집들이 기울어져 있기도 하고 — 활기찬 것은 식물뿐으로, 때때로 깜짝 놀라게 하는 해바라기가 있거나 칸나가 피어 있기도 한다.

p.39 가끔 나는 그런 길을 걸으면서 문득 그곳이 교토(京都)가 아니라 교토에서 몇 백 리나 떨어진 센다이(仙台)라든가 나가사키(長崎)라든가 ── 그런 마을에 지금 내가 와 있는 것이다 ── 라는 착각을 일으키려고 애쓴다. 나는 할 수만 있다면 교토에서 도망쳐 아무도 모르는 마을로 가 버리고 싶었다. 첫째가 안정이다. 휑하니 넓은 여관 방. 깨끗한 이불. 냄새가 좋은 모기장과 풀이 잘 먹여져 있는 유카타. 그곳에서 한 달쯤 아무것도 생각하지 않고 누워 있고 싶다. 바라건대 이곳이 어느샌가 그 시가 되어 있으면 좋겠다. ── 착각이 마침내 성공하기 시작하면 나는 계속해서 상상의 그림물감을 칠해 간다. 아무 것도 아닌, 내 착각과 쓰러져 가는 거리와의 오버랩이다. 그리고 나는 그 속에 현실 속 내 자신을 잃어버리는 것을 즐겼다.

p.40 나는 또 그 불꽃놀이라고 하는 녀석이 좋아졌다. 불꽃놀이 그 자체는 둘째이고, 그 싸구려 그림물감으로 칠한 빨강이랑 보라랑 노랑이랑 파랑이랑 다양한 줄무늬를 가진 폭죽세트, '中山寺の星下り', '花合戦', '枯れすすき', 그리고 'ねずみ花火'는 한 개씩 고리형태로 상자에 담겨 있다. 그런 것이 이상하게 내 마음을 들뜨게 했다.

그리고 또 '비드로'라고 하는 색유리에 도미나 꽃 모양이 새겨진 구슬이 좋아졌고, '南京玉'가 좋아졌다. 또 그것을 핥아 보는 것이 나에게는 뭐라 말할 수 없는 향락이었던 것이다. 그 비드로의 맛처럼 은은하고 청량한 맛이

p.41 또 있을까? 나는 어렸을 때 종종 그것을 입에 넣어 부모님께 혼나곤 했는데, 그 어렸을 때의 달콤한 기억이 커서 보잘 것 없어진 나에게 되살아난 탓인지 정말로 그 맛에는 은은하고 상쾌한 왠지 시미(詩美) 같은 미각이 감돌아온다.
짐작은 했겠지만 나에게는 돈이 한 푼도 없었다. 하지만 그런 것을 보고 조금이라도 마음이 동하기 시작했을 때의 내 자신을 위로하기 위해서는 사치라는 것이 필요했다. 2, 3전짜리 물건 ── 이라고는 해도 호화로운 것. 아름다운 것 ── 이라고는 해도 무기력한 내 촉각에 오히려 아양떠는 것. ── 그런 것이 자연히 나를 위로하는 것이다.

p.42 아직 생활이 어려워지기 이전에 내가 좋아했던 곳은, 예를 들면 마루젠(丸善)이었다. 빨갛고 노란 '오드콜로뉴'과 '오드퀴닌.' 세련된 유리세공과 우아한 로코코 취향의 부조 무늬를 가진 호박색과 비취색의 향수병. 담뱃대, 작은칼, 비누, 담배. 나는 그런 것을 보는데 거의 한 시간이나 허비한 적이 있었다. 그리고 결국 가장 좋은 연필을 한 자루 사는 정도의 호사를 누리는 것이었다. 그러나 이곳도 이미 그 무렵의 나에

게 있어서는 답답한 장소에 지나지 않았다.

서적, 학생, 계산대, 이런 것들은 나에게는 모두 빚쟁이의 망령같이 보였다.

p.43 어느 날 아침 — 그 무렵 나는 친구 갑에게서 친구 을의 집으로 하는 식으로 친구들의 하숙을 전전하며 살고 있었는데 — 친구가 학교에 가 버린 후의 공허한 공기 속에 쓸쓸히 혼자 남겨졌다. 나는 또 그곳에서 나와 방황할 수밖에 없었다. 무언가가 나를 내쫓는다. 그리고 거리에서 거리로, 조금 전에 말한 뒷길을 걷기도 하고 막과자가게 앞에서 멈춰서기도 하고 건어물가게의 말린 새우나 대구포, 유바를 바라보기도 하다가, 마침내 나는 니죠(二条) 쪽에서 테라마치(寺町)를 내려가서 그곳에 있는 과일가게에서 발길을 멈추었다.

p.45 여기서 잠깐 그 과일가게를 소개하면, 그 과일가게는 내가 알고 있던 범위에서 가장 좋아하는 가게였다. 그곳은 결코 근사한 가게는 아니었지만 과일가게 고유의 아름다움이 가장 노골적으로 느껴졌다. 과일은 꽤 가파른 진열대 위에 진열되어 있었는데, 그 진열대란 것도 옻칠을 한 낡고 검은 판자로 만들었던 것 같다. 뭔가 화려하고 아름다운 음악의 빠른 흐름이—보는 사람을 돌로 만들었다고 하는 '고르곤의 귀면(鬼面)'—적인 것을 눈앞에 들이대는 바람에— 그런 색채와 그런 볼륨으로 응고된 것처럼 과일은 쌓여 있다. 채소도 역시 안으로 가면 갈수록 수북하게 높이 쌓여 있다. — 실제로 그곳의 당근 잎의 아름다움 등은 훌륭했다. 그리고 물에 담가 놓은 콩이나 소귀나물도 멋졌다.

p.46 또 그 집이 아름다운 것은 밤이었다. 테라마치도리(寺町通)는 대체로 번화한 거리로— 라고는 해도 느낌은 토쿄나 오사카보다는 훨씬 깨끗하지만 — 진열창의 빛이 엄청나게 도로로 흘러나오고 있다. 그런데 무슨 이유에서인지 그 가게 주위만이 묘하게 어두운 것이다. 원래 한쪽은 어두운 니죠도리(二条通)에 접해 있는 길모퉁이이기 때문에 어두운 것은 당연하지만, 그 이웃집이 테라마치도리에 있는데도 불구하고 어두웠던 이유가 분명하지 않다. 그러나 그 집이 어둡지 않았다면 그렇게 나를 유혹하는데까지는 이르지 못했을 것이라고 생각한다. 또 한 가지는 그 집의 튀어 나온 차양인데, 그 차양이 깊숙이 눌러쓴 모자챙처럼 — 이것은 형용이라기보다도 '어? 저 가게는 모자챙을 너무 눌러썼군!'하는 생각이 들게 할 정도이기 때문에 차양 위도 깜깜한 것이다. 그 주위가 깜깜하기 때문에 가게 앞에

p.47 켜놓은 여러 개의 전등이 소나기처럼 퍼붓는 현란함은 주위의 어떤 것에게도 빼앗기는 일 없이 마음껏 아름다운 광경을 비출 수 있는 것이다. 벌거숭이 전등이 가늘고 긴 나선봉을 끼익끼익 소리를 내면서 눈 속으로 파고 들어오는 도로에 서서, 이웃에 있는 열쇠가게의 2층 유리창을 통해서 바라본 이 과일가게의 풍경만큼 그때의 나를 흥분시킨 것은 테라마치 안에서도 드물었다.

그날 나는 평소와 달리 그 가게에서 물건을 샀다. 그것은 그 가게에 진귀한 레몬이 나와 있었기 때문이다. 레몬 같은 건 지극히 흔한 것이다. 하지만 그 가게란 것도 초라한 정도까지는 아니었지만 그저 평범한 채소가게에 지나지 않았기 때문에 그때까지 거의 눈에 띈 적이 없었다. 대체로 나는 그 레몬을 좋아한다.

p.48 레몬옐로우색의 그림물감을 튜브에서 짜내어 굳힌 듯한 그 단순한 색도, 그리고 그 작달막한 방추형의 모양도 좋아한다. ── 결국 나는 그것을 한 개만 사기로 했다. 그리고 나서 나는 어디로 어떻게 걸었을까? 나는 오랫동안 거리를 걷고 있었다. 시종 내 마음을 짓누르고 있던 불길한 덩어리 그것을 잡은 순간부터 다소 느슨해진 것 같이 생각되어서 나는 거리 위에서 무척 행복했다. 그렇게 집요했던 우울증이 그런 과일 한 개로 잊혀진다 ── 혹은 수상한 것이 ── 역설적인 사실이었다. 아무튼 마음이란 놈은 어쩜 그렇게 불가사의한 녀석일까?

그 레몬의 차가운 느낌은 무엇과도 비교할 수 없을 만큼 좋았다. 그 무렵 나는 폐결핵이 악화되어 항상 몸에 열이 났다. 사실 여러 친구들에게

p.49 나의 열을 자랑하기 위해서 손을 잡아봤지만 내 손바닥이 가장 뜨거웠다. 그 열 때문이었겠지만 잡고 있는 손바닥으로부터 몸 안으로 스며들어가는 듯한 그 차가운 느낌은 기분 좋은 것이었다.

나는 몇 번이고 몇 번이고 그 과일을 코에 가져 가서는 냄새를 맡아보았다. 그 과일의 산지라고 하는 캘리포니아가 상상으로 떠오른다. 한문에서 배운 '売柑者之言' 안에 쓰여 있던 '코를 찌른다'라는 말이 드문드문 떠오른다. 그리고 가슴 가득 깊숙이 향기로운 공기를 들이 마시면 한 번도 가슴 가득 호흡을 한 적이 없는 내 몸과 얼굴에는 따뜻한 피의 잔열이 올라와서 왠지 몸 안에 원기가 살아나는 것이었다. ……

p.50 실제로 그런 단순한 냉각(冷覚)과 촉각과 후각과 시각이 아주 오랜 옛날부터 이것만 찾고 있었다고 말하고 싶어졌을 정도로 나에게 딱 맞다니 나는 이상한 일이라

고 생각된다 — 그것이 그때의 일이니까 말이다.

나는 이미 거리를 경쾌한 흥분으로 들떠서, 일종의 자랑스러운 기분마저 느끼면서 미적(美的) 의복을 갖춰 입고 거리를 활보한 시인을 떠올리며 걷고 있었다. 지저분한 수건 위에 올려놓아 보기도 하고 망토 위에 대 보기도 하며 색의 반영(反映)을 재기도 하고, 또

— '결국 이 정도의 무게군!'— 하는 생각을 하기도 한다.

p.51 "이 무게야말로 평소에 내가 찾다가 지친 것으로, 의심할 것도 없이 이 무게는 모든 좋은 것과 모든 아름다운 것을 중량으로 환산한 무게다"라고 우쭐대는 해학심으로 그런 바보 같은 것을 생각하기도 하고 — 어쨌든 나는 행복했다.

어디를 어떻게 걸어 왔을까? 내가 마지막에 멈춰선 곳은 마루젠(丸善) 앞이었다. 평소 그렇게 피해왔던 마루젠이 그때의 나에게는 아주 쉽게 들어갈 수 있을 것 같이 생각되었다.

'오늘은 한번 들어가 보자.'하고는 거리낌 없이 들어갔다.

p.52 그러나 어찌 된 일일까? 나의 마음을 충족시키고 있던 행복한 감정은 점차 달아났다. 향수병에도 담뱃대에도 내 마음은 가지 않았다. 우울함이 꽉 차 온다, 나는 걸어 돌아다닌 피로가 몰려온 것이라고 생각했다. 나는 그림책이 꽂혀 있는 책장 앞으로 가 보았다. 무거운 화집(画集)을 꺼내는 것조차 평소보다 힘이 필요하구나! 하고 생각했다.

그러나 나는 한 권씩 꺼내기는 하고, 그리고 펴보기는 하지만 정성 들여 책장을 넘길 마음은 조금도 일어나지 않는다. 게다가 저주스럽게도 또 다른 한 권을 꺼내 온다. 그것도 마찬가지이다. 그렇다고 해서 한 번 훑어보지 않고는 적성이 풀리지 않는다. 더 이상은 견딜 수 없어

p.53 그곳에 놓아둔다. 원래 있던 자리에 갖다 놓는 것조차 안 된다. 나는 몇 번이나 그것을 되풀이했다. 마침내 마지막에는 평소에 매우 좋아했던 앵그르의 무거운 오렌지색의 책까지 한층 더 견디기 어려워서 놓아두고 말았다. — 어쩌면 이렇게 저주스러울까? 손 근육에 피로가 남아 있다. 나는 우울해져서 자신이 꺼낸 채 쌓아 놓은 책 더미를 바라보고 있었다.

전에는 그렇게 나를 매혹시켰던 그림책이 어찌 된 일일까? 한 장 한 장을 뚫어지게 본 후, 그런 다음 너무 평범한 주위를 둘러볼 때의 그 이상하게 어색한 기분을 나는 예

전에는 즐겨 맛보고 있었던 것이다. ……

p.54 '아! 맞다.' 그때 나는 소매 속에 있는 레몬이 생각났다. 책의 색채를 뒤섞어서 쌓아올리고 나서 한번 이 레몬으로 시험해 보는 게 좋겠다. '그래!'

나에게 다시 조금 전에 일어났던 가벼운 흥분이 되돌아왔다. 나는 닥치는 대로 쌓아 올리고 또 거칠게 무너뜨리고, 또 다시 거칠게 쌓아올렸다. 새로 빼 와서 덧쌓기도 하도 빼내기도 했다. 기괴하고 환상적인 성이 그때마다 빨개지기도 하고 파래지기도 했다.

그것은 겨우 완성되었다. 그리고 가볍게 들뜬 마음을 억누르면서 그 성벽의 꼭대기에 조심조심 레몬을 올려놓았다. 그것은 훌륭한 작품이었다.

p.56 바라보니 그 레몬의 색채는 복잡한 색의 조화를 조용히 방추형의 몸속에 흡수해 버려 아주 맑아져 있었다. 나는 먼지가 많은 마루젠 안의 공기가, 이상하게 그 레몬 주위에서만 긴장하고 있는 것 같은 기분이 들었다. 나는 잠시 그것을 바라보고 있었다.

갑자기 제2의 아이디어가 떠올랐다. 그 기묘한 계획은 오히려 나를 오싹하게 만들었다.

— 그것을 그대로 두고 나는 아무렇지도 않은 얼굴로 밖으로 나온다. —

p.57 나는 이상하게 근질근질한 기분이 들었다. '나갈까? 그래, 나가자.' 그리고 나는 바쁘게 나왔다.

이상스레 근질거리는 기분이 거리 위의 나를 미소 짓게 하였다. 마루젠의 책장에 황금빛으로 빛나는 무서운 폭탄을 설치해 놓고 온 기묘한 악한이 나로, 이제 10분 후면 저 마루젠이 미술 책장을 중심으로 대폭발한다면 얼마나 재미있을까?

나는 열심히 이런 상상의 나래를 펴나갔다. '그렇게 하면 저 거북스러운 마루젠도 산산조각이 나겠지?'

그리고 나는 활동사진의 간판 그림이 기묘한 정취로 거리를 물들이고 있는 쿄고쿠(京極)를 내려갔다.

~ 武蔵野 무사시노 ~

p.60 무사시노(武蔵野)를 산책하는 사람은 길을 헤매는 것을 걱정해서는 안 된다. 어느 길에서나 발길 닿는 대로 가면 반드시 거기에는 볼 만하고 들을 만하고 느낄 만한 수확이 있다. 무사시노의 미(美)는 단지 그 사방으로 통하는 수천 개의 길을 정처 없이 걸음으로써 비로소 얻을 수 있다. 봄, 여름, 가을, 겨울, 아침, 점심, 저녁, 밤, 달에도 눈에도 바람에도 안개에도 서리에도 비에도 초겨울 소나기에도, 그냥

p.61 이 길을 어슬렁어슬렁 걸으며 생각나는 대로 오른쪽 왼쪽으로 가다 보면 도처에 우리들을 만족시키는 것이 있다. 이것이 또한 실로 무사시노 제일의 특색일 거라고 나는 절실히 느끼고 있다. 무사시노를 빼놓고 일본에 이와 같은 곳이 어디에 있는가? 홋카이도의 들판에는 물론, 나스노(那須野)에도 없다. 그밖에 어디에 있는가? 숲과 들이 이렇게도 잘 어우러져 있고, 생활과 자연이 이처럼 밀접해 있는 곳이 어디에 있는가? 실로 무사시노에 이렇게 특수한 길이 있는 것은 이 때문이다.

그렇기 때문에 자네가 만일 하나의 좁은 길을 가다가 갑자기 세 갈래로 갈라지는 곳이 나온다면 당황할 필요가 없다, 자네가 가지고 있는 지팡이를 세워서 그 쓰러지는 방향으로 가라. 혹은 그 길이 자네를 작은 숲으로 인도한다.

p.62 숲의 가운데쯤에 이르러 다시 두 갈래로 갈라지면 그 작은 길을 선택해 보라. 혹은 그 길이 자네를 묘한 곳으로 인도한다. 이것은 숲속에 있는 오래된 묘지에 이끼 낀 무덤이 네다섯 개 나란히 있고, 그 앞에 공터가 조금 있고, 그 옆에 마타리 같은 것이 피어 있는 일도 있을 것이다. 머리 위의 나뭇가지 끝에서 작은 새가 지저귀고 있다면 자네의 행복이다. 곧 되돌아와서 왼쪽 길로 가 보라. 갑자기 숲이 끝나고 자네 앞에는 확 트인 넓은 들이 펼쳐진다. 발밑에는 조금 늘어진 억새가 온통 자라고 있고, 참억새 꽃이 햇빛에 빛나고 있다, 억새풀 들판 앞이 밭이고 밭 앞에 키가 작은 숲이 한 무더기 우거져 있고, 그 숲 위로 멀리 작은 삼나무 숲이 보이고, 지평선 위에 옅은 구름이 모여 있어 구름 색과 섞여 분간하기 힘든 연봉(連峰)이

p.63 그 사이에 조금씩 보인다. 10월의 따뜻한 햇볕이 화창하게 내리쬐고 기분 좋은 바람이 산들산들 분다. 만일 억새풀로 뒤덮인 들판 쪽으로 내려가면 지금까지 보인 넓은 경치가 모두 숨어 버리고 작은 계곡 아래로 나올 것이다. 뜻밖에도 길고 좁은 연못이 억새풀 들판과 숲 사이에 숨어 있는 것을 발견한다. 물은 아주 맑아서 넓은 하늘

을 가로지르는 흰 구름 조각을 선명하게 비추고 있다. 물가에는 마른 갈대가 조금 나 있다. 이 연못가의 길을 조금 가면 다시 두 갈래로 갈라진다. 오른쪽으로 가면 숲, 왼쪽으로 가면 언덕. 자네는 반드시 언덕을 오르겠지. 어쨌든 무사시노를 산책하는 것은 높은 곳으로 더 높은 곳으로 가야지 하는 마음에서인데, 그것은 어떻게든 넓은 조망을 바라기 때문이지만 그 바람은 쉽사리 이룰 수 없다. 내려다 볼만한 조망을 얻는 것은 결코 불가능하다. 그것은 처음부터 단념하는 것이 좋다.

p.66 만약 자네가 뭔가 필요해서 길을 묻고 싶거든 밭 한가운데에 있는 농부에게 물어라. 농부가 마흔 살 이상인 사람이라면 큰 소리로 물어라, 놀라서 이쪽을 보고 큰 소리로 대답해 줄 것이다. 만약 젊은 처자라면 가까이 가서 작은 소리로 물어라. 만약 젊은 남자라면 모자를 벗고 정중하게 물어라. 의젓하게 대답해 줄 것이다. 화를 내서는 안 된다, 이것이 토쿄 근방에 사는 젊은이의 습관이니까.

그 사람들이 가르쳐준 길을 가면 길이 또 두 갈래로 나뉜다. 가르쳐 준 쪽 길이 너무 작아서 조금 이상하다고 생각되어도 그대로 가라. 갑자기 농가의 마당이 나올 것이다. 예상대로 이상하다고 놀라서는 안 된다. 그때 농가에서 물어보아라. "문을 나가면 바로 큰길입니다."라고 쌀쌀맞게 대답할 것이다. 농가의 문 밖으로 나와 보면 역시 본 적이 있는 길이다, "그래 이게 지름길이구나!" 하고 너는 무심코 미소를 띤다, 그때 비로소 가르쳐 준 길의 고마움을 알 것이다.

p.67 똑바로 길이 나 있고 양쪽에 충분히 단풍이 든 숲이 4, 5정(丁)이나 계속되는 곳으로 나오는 일이 있다. 이 길을 혼자서 조용히 걷는 것은 얼마나 즐겁겠는가? 오른쪽 숲의 꼭대기는 석양이 선명하게 빛나고 있다. 때때로 낙엽 소리가 들려올 뿐, 주위는 고요해서 너무나도 쓸쓸하다. 앞에도 뒤에도 사람의 모습은 보이지 않고 아무도 만날 수 없다. 만약 그것이 나뭇잎이 다 떨어진 무렵이라면 길은 낙엽에 묻혀서 한 걸음 걸을 때마다 바스락바스락하고 소리가 난다, 숲은 깊은 속까지 들여다보이고 나뭇가지 끝은 바늘처럼 가늘게 창공을 가리키고 있다. 더더욱 사람을 만나지 못한다. 마침내 외로워진다. 낙엽을 밟는 자기 발소리만이 드높고 때때로 산비둘기 한 마리가 황급히 날아가는 날개 소리에 놀랄 뿐이다.

p.68 같은 길로 되돌아가는 것은 어리석다. 길을 헤맨 곳이 지금의 무사시노이다, 설마 길을 가다가 해가 저물어 곤란한 일도 없을 것이다. 돌아오는 길도 대략적인 방향을 정해서 다른 길을 정처 없이 걷는 것이 좋다. 그렇게 하면 뜻하지 않게 낙조의 아름

다운 경관을 볼 수가 있다. 해는 후지산 산등성이로 넘어가려고 하지만 아직 완전히 지지 않고 후지산 중턱에 떼지어 있는 구름은 황금빛으로 물들어 순식간에 다양한 모양으로 변한다. 연봉(連峰)의 꼭대기는 은빛 사슬 같은 눈이 점차 멀리 북쪽으로 달아나고 마침내 시커먼 구름 속으로 사라져 버린다.

p.69 해가 진다, 들에는 바람이 강하게 불고, 숲에서는 바람이 운다. 무사시노는 저물려고 한다, 추위가 몸에 스며든다, 그때는 길을 서둘러라, 되돌아보고 뜻하지 않게 초승달이 마른 숲의 나무 꼭대기 옆에 추운 빛을 발하고 있는 것을 본다. 바람이 지금이라도 나뭇잎 끝에서 달을 불어 떨어뜨릴 것 같다. 갑자기 또 들로 나오게 된다. 자네는 그때,

'산은 어두워지고 들판은 황혼의 참억새로구나'

라는 명시(名詩)를 떠올리게 될 것이다.

文学のふるさと 문학의 고향

p.72 샤를 페로의 동화에 '빨간 망토'라는 유명한 이야기가 있습니다. 이미 알고 계시리라고 생각하지만 줄거리를 말씀드리면, 빨간 두건(망토)을 쓰고 있기 때문에 '빨간 망토'라고 불리우던 귀여운 소녀가 평소대로 숲 속에 있는 할머니를 찾아가자 늑대가 할머니로 둔갑해서 빨간 망토를 우적우적 잡아 먹어 버렸다는 이야기입니다. 정말 그냥 그게 전부인 이야기입니다.

p.73 동화라는 것에는 대개 교훈이나 모럴이라는 것이 있는 법이지만, 이 동화에는 그런 것이 완전히 결여되어 있습니다. 그래서 그런 의미에서 비도덕이라는 점 때문에 프랑스에서는 무척 유명한 동화이고, 그러한 예를 들 경우에 자주 증거로 인용되기 때문에 잘 알려져 있습니다.

동화만이 아닙니다. 소설 전체로 보아도 과연 모럴이 없는 소설이 있을까요? 소설가의 입장으로서도 뭔가 모럴 같은 것을 표현하려는 의도가 없이 소설을 계속해서 쓴다 ── 그런 것이 있을 수 있다고는 좀 상상하기가 어렵습니다.

그렇지만 여기에 대체로 모럴이라는 것이 있음으로 해서 비로소 성립되는 동화 가

운데 전혀 모럴이 없는 작품이 존재한다. 게다가 3백 년이나 계속해서 그 생명을 유지하고 많은 어린이와 어른들의 마음 속에 살아 있다 —— 이것은 엄연한 사실입니다.

p.74 샤를 페로라고 하면 '신데렐라'라든가 '푸른 수염' 이라든가 '잠자는 숲속의 미녀' 라든가 하는 유명한 동화를 남겼는데, 나는 정말로 그 대표작들과 마찬가지로 '빨간 망토'를 애독했습니다.

아니, 오히려 '신데렐라'라든가 '푸른 수염'을 동화의 세계에서 사랑했다고 한다면, 나는 뭔가 어른의 빈한(貧寒)한 마음으로 '빨간 망토'의 잔혹한 아름다움을 느끼고 그것에 감동을 받았던 것 같습니다.

사랑스럽고 마음이 착하고 오로지 미덕뿐이어서 악한 곳이라고는 아무것도 없는 가련한 소녀가 숲 속에 있는 할머니의 병문안을 가서, 할머니로 둔갑해 있던 늑대에게 우적우적 잡혀 먹히고 만다.

p.75 우리들은 갑자기 거기서 '따돌림을 당해서' 뭔가 약속이 잘못된 것 같은 느낌으로 당황하면서, 그러나 무의식 중에 눈을 맞아서 뚝하고 잘려나간 공허한 여백에 아주 조용한 게다가 투명한 하나의 애절한 '고향'을 보지 않을까요?

그 여백 속에 펼쳐져 내 귀에 들리는 풍경은 가련한 소녀가 단지 늑대에게 우적우적 잡아먹힌다고 하는 잔혹하고 불쾌한 풍경이지만, 그러나 그것이 내 마음을 감동시키는 방법은 약간 견딜 수 없이 애절한 것이기는 해도 결코 불결하다거나 불투명한 것은 아닙니다. 뭔가 얼음을 껴안은 듯한 애절한 슬픔, 아름다움입니다.

또 한 가지 다른 예를 들어 보겠습니다.

p.76 이것은 '쿄겐(狂言)'의 하나인데, 영주가 하인을 데리고 절에 참배하러 갑니다. 갑자기 영주가 절 지붕의 '귀와(鬼瓦)를 보고 울기 시작하기에 하인이 그 연유를 물었더니 저 귀와는 너무나 자기 아내를 닮았기 때문에 보면 볼수록 슬프다며 그저 우는 것입니다.

그냥 이게 전부인 이야기입니다. 46판 크기의 책으로 대여섯 줄밖에 없어서 쿄겐 중에서도 가장 짧은 것 중의 하나일 것입니다.

이것은 동화는 아닙니다. 대체로 쿄겐이라는 것은 제대로 된 극 중간에 끼워 넣는 잠시 쉬어가는 좌흥(座興) 같은 것으로 관객을 마음껏 웃겨서 기분을 새롭게 만들어 주면 그걸로 족한 역할입니다만, 이 쿄겐을 보고 와! 하고 웃어넘길 수 있을까

p.77 어떨까요? 하기야 이런 하다만 것 같은 쿄겐을 실제로 무대에서 할 수 있을지 어떨지는 모르겠지만, 결코 무심하게 웃을 수는 없을 것입니다.

이 쿄겐에도 모럴, 혹은 모럴에 상응하는 웃음의 의미가 설정되어 있지 않습니다. 절에 참배하러 와서 귀와를 보고 아내가 생각나서 울어 버린다고 하는 이야기는 분명히 우스꽝스러워서 일단 웃을 수밖에 없지만, 동시에 갑자기 따돌림을 당하지 않을 수도 없습니다.

p.78 나는 웃으면서 '너무 웃기지 않은가? 도대체 어쩌란 말인가……?'하는 기분이 되기도 하고 귀와를 보고 운다고 하는 이 사실이 따돌림을 당한 후에 모든 마음을 빼앗아 가서, 평범하다느니 당연하다느니 하는 것을 초월하여 놀랄 만한 엄격함으로 엄습해 오는 것에 소위 관념의 눈을 감아 버리는 듯한 기분이 되는 것이었습니다. 도망치려고 해도 도망칠 수 없습니다. 그것은 우리들이 그것을 알아챘을 때에는 어떻게든 밑에 깔릴 수밖에 없는 성질의 것입니다. 숙명이니 뭐니 하는 것보다도 더 무거운 느낌이 드는 옴짝달싹할 수 없는 것입니다. 이것도 역시 우리들의 '고향'일까요?

여기서 나는 이렇게 생각할 수밖에 없습니다. 즉, 모럴이 없다든가 따돌린다고 하는 것, 그것은 문학으로서 성립되지 않는 것처럼 생각되지만 우리들이 사는 길에는

p.79 아무리해도 그럴 수밖에 없는 낭떠러지가 있어서, 거기에서는 모럴이 없다고 하는 것 자체가 모럴인 것이다라고 말입니다.

만년의 아쿠타가와 류노스케(芥川龍之介)에 관한 이야기입니다만, 가끔 아쿠타가와의 집에 찾아오는 농민작가 — 이 사람은 자신이 진정으로 가난한 소작농생활을 하고 있는 사람인데 어느 날 원고를 가지고 왔습니다. 아쿠타가와가 읽어 보니 어떤 사람이 아이를 가졌는데 가난해서 만일 아이를 키우게 되면 부모와 자식이 함께 굶어 죽는 상태가 될 뿐이어서 오히려 키우지 않는 것이 모두를 위해서도 자신을 위해서도 행복할 것이라는 생각에, 태어난 아이를 죽여서 석유통 같은 것에 넣어서 묻어 버린다고 하는 이야기가 쓰여 있었습니다.

p.80 아쿠타가와는 너무나 침울한 이야기라 견딜 수 없는 기분이 되었지만, 자신의 현실생활에서는 도저히 생각할 수가 없는 이야기이기도 해서 도대체 이런 일이 정말로 있을까?하고 물었던 것입니다.

그러자 농민작가는 무뚝뚝하게 그건 내가 한 일인데 하고 대답하여, 아쿠타가와가 너무 뜻밖의 일이라 멍하니 있자, 당신은 나쁜 일이라고 생각하는가?하고 거듭해서 무

똑똑하게 질문했습니다.

아쿠타가와는 그 질문에 대답할 수가 없었습니다. 어떤 일에나 대답할 말이 준비되어 있는 재능이 많은 그가 대답을 할 수가 없었다고 하는 것, 그것은 만년의 그가 비로소 성실한 삶과 문학과의 보조를 맞추었다는 것을 말해주는 것처럼 생각됩니다.

그런데 농민작가는 이 움직이기 힘든 '사실'을 남기고 아쿠타가와의 서재에서 떠났는데, 이 손님이 떠나자 그는 갑자기 따돌림을 당한 듯한 생각이 들었습니다. 오로지 자기 혼자만이 외톨이로 남겨져 버린 듯한 생각이 든 것입니다. 그는 갑자기 2층으로

p.81 올라가서 이유도 없이 문 쪽을 보았지만 이미 농민작가의 모습은 보이지 않고, 초여름의 푸른 잎이 반짝이고 있을 뿐이었다고 하는 이야기입니다.

이 수기(手記)라고 할 수도 없는 원고는 아쿠타가와의 사후에 발견된 것입니다.

여기에 아쿠타가와가 따돌림을 당한 것은 역시 모럴을 초월한 것입니다. 아이를 죽인다는 스토리가 모럴을 초월했다는 의미는 아닙니다. 그 이야기에는 전혀 중점을 둘 필요가 없습니다. 여자 이야기든 동화든 무엇을 가지고 와도 상관없을 것입니다. 어쨌든 하나의 이야기가 있는데 아쿠타가와가 상상도 할 수 없는 사실이기도 하고 대지에 뿌리를 내린 생활이기도 했다. 아쿠타가와는 그 뿌리 내린 생활에 따돌림을 당한 것이겠지요. 말하자면 그 자신의 생활이 뿌리를 내리지 못했기 때문이었을지도 모릅니다. 하지만 그의 생활에 뿌리가 내리지 못했다 하더라도 뿌리가 내린 생활로부터 따돌림을 당했다고 하는 사실 자체는 훌륭하게 뿌리가 내린 생활입니다.

p.82 즉, 농민작가가 따돌린 것이 아니라 따돌림을 당했다고 하는 사태 속에 아쿠타가와의 훌륭한 생활이 있었던 것입니다.

만일 작가라고 하는 것이 아쿠타가와의 경우처럼 따돌림을 당하는 생활을 모른다면 '빨간 망토'든 앞에서 말한 쿄겐과 같은 것을 만들어내는 일은 없을 것입니다.

모럴이 없는 것, 따돌리는 것, 나는 이것을 문학의 부정적인 태도라고는 생각하지 않습니다. 오히려 문학의 건설적인 것, 즉 모럴이나 사회성 같은 것은 이 '고향' 위에 서지 않으면 안 되는 것이라고 생각하는 것입니다.

또 한 가지 조금 알기 쉬운 예로 『이세모노가타리(伊勢物語)』 속에 들어 있는 하나의 이야기를 예로 들겠습니다.

옛날에 어떤 남자가 여자에게 마음을 두어 열심히 구애를 해보지만 여자가 응하지 않습니다. 드디어 3년째 되는 해에 그러면

p.83 결혼해도 좋다고 여자가 말하게 되자 남자는 뛸 듯이 기뻐하였고, 곧 같이 도망가기로 하고 두 사람은 쿄토(京都)를 도망쳐 나온 것입니다. 아쿠타노와타시(芥の渡し)라는 곳을 지나 들판에 다다랐을 무렵에는 밤도 깊었고 게다가 천둥이 치고 비가 오기 시작했습니다. 남자는 여자의 손을 잡고 들판을 곧장 달리기 시작했는데, 번갯불에 비친 풀잎에 맺혀 있는 이슬을 보고 여자는 남자에게 손을 잡힌 채 달리면서 "저게 뭐예요?" 하고 물었습니다. 그러나 남자는 마음이 초조해서 대답을 할 여유도 없습니다. 겨우 다 쓰러져가는 집 한 채를 발견했기 때문에 뛰어들어가서 여자를 붙박이장 안에 숨겨 놓고 도깨비가 오면 단 번에 찔러 죽이려고 창을 들고 붙박이장 앞에 버티고 서 있었는데, 그럼에도 불구하고 도깨비가 와서

p.84 붙박이장 안에 있는 여자를 잡아먹어 버렸습니다. 공교롭게도 그때 거칠게 천둥소리가 울려퍼지고 있었기 때문에 여자의 비명소리가 들리지 않았던 것이었습니다. 날이 밝자 남자는 비로소 여자가 이미 도깨비에게 죽임을 당했다는 것을 알았습니다. 그래서 'ぬばたまのなにかと人の問いしとき露と答えてけなましものを'— 즉, '풀잎의 이슬을 보고 저것이 무엇이냐고 여자가 물었을 때 이슬이라고 대답하고 같이 사라져 버렸으면 좋았을 것을'— 이라는 노래를 읊고 울었다고 하는 이야기입니다.

이 모노가타리(物語)에는 남자가 애끊는 노래를 읊고서 울었다고 하는 감정이 부가되어 있어 독자는 따돌리는 듯한 느낌을 받지 않아도 되지만 그러나 이것도 모럴을 초월한 곳에 존재하는 이야기 중 하나일 것입니다.

이 모노가타리에서는 3년이나 구애를 하여 겨우 소망이 이루어졌을 때

p.85 감쪽같이 도깨비에게 빼앗기고 만다고 하는 대조의 교묘함과, 어두운 밤의 광야를 손을 잡고 달리면서 풀잎에 맺혀 있는 이슬을 보고 여자가 저게 뭐냐 묻지만 남자는 오로지 달리려고만 하여 대답조차 할 수 없다. — 이 아름다운 정경을 가지고 와서 남자의 비탄과 결합시키는 멋진 수법으로 이 모노가타리를 보석의 아름다움으로까지 승화시키고 있습니다.

p.86 즉, 여자를 생각하는 남자의 정열이 격하면 격할수록 여자가 도깨비에게 잡아먹힌다고 하는 참혹함이 사는 것이고, 남자와 여자가 도망을 치는 모습이 아름답게 다가오면 다가올수록 동시에 참혹함이 사는 것입니다. 여자가 악독한 여자였거나 남자의 정열이 그저 그런 것이라면 이런 참혹함은 있을 수 없습니다. 또, 풀잎에 맺혀 있는 이슬을 가리키며 저건 무엇이냐고 여자가 묻지만 남자는 대답할 시간조차도 없다는

에피소드가 없으면 이 모노가타리의 가치의 태반은 없어질 것이라고 생각됩니다.

즉, 단지 모럴이 없다든가 따돌린다고 하는 것만으로 간단하게 이 처연(悽然)하고 고요한 아름다움이 탄생하는 것은 아니겠지요. 그저 모럴이 없다든가 따돌린다고 하는 것뿐이라면 우리들은 도깨비나 악인을 제멋대로 날뛰게 하여 몇 개가 되는 모노가타리라도 간단하게 쓸 수가 있습니다. 그런 것은 아닙니다.

p.87 이 세 가지 이야기가 우리들에게 전해주는 보석의 차가움과 같은 것은 뭔가 절대적인 고독 — 생존 그 자체가 안고 있는 절대적인 고독 — 과 같은 것은 아닐까요?

이 세 가지 이야기에는 어떻게 해도 구제할 방법이 없고 위로할 방법이 없습니다. 귀와를 보고 울고 있는 영주에게 당신 부인만 그런 것이 아니라고 위로해도 돌을 공중에 뜨게 하려는 것과 같이 헛된 노력에 지나지 않을 것이고, 또 여러분의 부인이 미인이라고 하더라도 그것 때문에 이 쿄겐을 이해할 수 없다고 하는 그런 성질의 것도 아닙니다.

p.88 그렇다면 생존의 고독이라든가 우리들의 고향이라고 하는 것은 이와 같이 참혹하고 구제할 수 없는 것일까요? 나는 확실히 그와 같이 비참하고 구제할 수 없는 것이라고 생각합니다. 이 암흑의 고독은 아무리 해도 구제할 수가 없다. 우리들의 현신(現身)은 길을 헤매면 구제받을 집을 예기하고 걷을 수가 있다. 하지만 이 고독은 언제나 광야를 헤맬 뿐이고 구제받을 집을 예기할 수조차 없다. 그리하여 마지막에는 참혹한 것, 구제할 수 없는 것, 그것만이 유일한 구제인 것입니다. 모럴이 없다고 하는 것 자체가 모럴인 것과 마찬가지로 구제할 수 없다는 것 자체가 구제인 것입니다.

p.89 나는 문학의 고향, 혹은 인간의 고향을 여기에서 봅니다. 문학은 여기에서 시작된다.— 나는 그렇게도 생각합니다.

비도덕적인 이러한 따돌린 이야기만이 문학이라고 말하는 건 아닙니다. 아니, 나는 오히려 이와 같은 이야기를 그다지 높이 평가하지 않습니다. 왜냐하면 고향이란 우리들의 요람이지만 어른들의 일은 결코 고향으로 돌아가는 것은 아니기 때문입니다. ……

하지만 이러한 '고향' 의식과 자각이 없는 곳에 문학이 있을 거라고는 생각되지 않는다. 문학의 모럴도 그 사회성도 이 고향 위에서 나고 자란 것이 아니면 나는 결코 신용하지 않는다. 그리고 문학의 비평도. 나는 그렇게 믿고 있습니다.

著作者

萩原朔太郎(시인)	竹 대나무
横光利一(소설가)	蠅 파리
梶井基次郎(소설가)	檸檬 레몬
国木田独歩(소설가, 시인)	武蔵野 무사시노
坂口安吾(소설가)	文学のふるさと 문학의 고향

다락원 일한 대역문고 – 고급1

일본 고등학교 교과서선

日本の高等学校の教科書選

지은이 萩原朔太郎, 横光利一, 梶井基次郎, 国木田独歩, 坂口安吾
역 주 최종훈
펴낸이 정규도
펴낸곳 (주)다락원

초판 1쇄 발행 2007년 3월 20일
초판 6쇄 발행 2026년 1월 15일

책임편집 이경숙, 김윤희
교정 최은정
디자인 서해숙
일러스트 이선희

경기도 파주시 문발로 211
Tel: (02)736-2031 Fax: (02)732-2037
(내용문의: 내선 460~465 / 구입문의: 내선 250~252)
출판등록 1977년 9월 16일 제406-2008-000007호

ISBN 978-89-5995-319-6 18730 978-89-5995-296-0(set)

www.darakwon.co.kr
다락원 홈페이지를 통해 인터넷 주문을 하시면 자세한 어학 정보와 함께 다양한 혜택을 받으실 수 있습니다.